Il ciclo dei Mesi
di Torre Aquila a Trento

In copertina: mese di Luglio, particolare.

ENRICO CASTELNUOVO

# Il ciclo dei Mesi
# di Torre Aquila a Trento

Provincia Autonoma di Trento
Servizio Beni Culturali
Museo Provinciale d'Arte

1987

Comitato scientifico del Museo Provinciale d'Arte:

Giorgio Mascherpa     coordinatore
Gabriella Belli
Pasquale Chistè
Gianni Ciurletti
Roberto Codroico     responsabili delle sezioni
Mario Gretter     coordinatore amministrativo
Tullio Reina     dirigente il Servizio Beni Culturali

A cura di EZIO CHINI

*Progetto grafico:* Gabriele Weber, Trento
*Stampa:* Tipolitografia Editrice TEMI, Trento
*Selezione colore e b/n:* Artilitho, Gardolo (TN)

Fotografie

Archivio fotografico del Museo Provinciale d'Arte: pag. 10.
Tutte le altre fotografie: archivio Casa Editrice Temi,
Mario Ronchetti e Mauro Sarri della Società Scala, Firenze.
Impianti in quadricromia sono di proprietà della Casa Editrice Temi, Trento.

## Presentazione

Dott. Tarcisio Andreolli
*Assessore alle Attività Culturali e all'Istruzione
della Provincia Autonoma di Trento*

Dopo la pubblicazione della guida al «Magno Palazzo», corpo di fabbrica cinquecentesco all'interno del Castello del Buonconsiglio, il Museo Provinciale d'Arte prosegue nell'opera di valorizzazione del suo straordinario patrimonio d'arte con questo volume dedicato al «Ciclo dei Mesi di Torre Aquila».
Capolavoro pittorico tra i più alti del Gotico Internazionale, il celebre ciclo, dipinto intorno all'anno 1400 da un ignoto maestro, su commissione del Principe-Vescovo Giorgio di Liechtenstein, si offre oggi in tutta la sua bellezza, dopo l'ultimo restauro, promosso e realizzato dalla Fondazione Ercole Varzi, nel 1978.
Fra tutti i cicli pittorici del Castello del Buonconsiglio, quello relativo ai Mesi di Torre Aquila costituisce forse la gemma più preziosa; questo volume si presenta come un agile strumento di lettura e di studio del ciclo dei Mesi, analizzati nell'ambito del vasto fenomeno del Gotico Internazionale, che a Trento, con tale opera, ha lasciato una delle testimonianze più rare.

Cornice della finestra sul lato ovest: particolare.

# Sommario

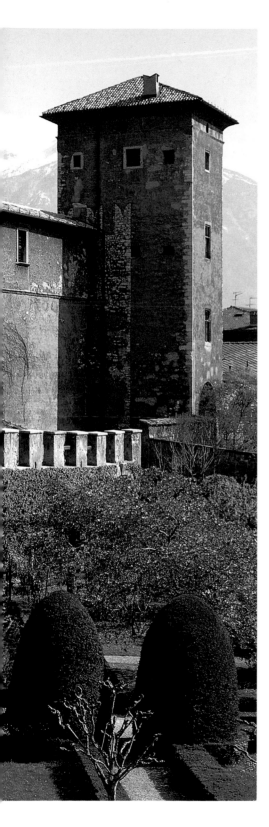

## Il ciclo dei Mesi
## di Torre Aquila a Trento

Nella cinta di mura duecentesca che circonda la città di Trento si apre, prossima al Castello del Buonconsiglio, la porta Aquila. Parte di qui la strada della Valsugana e il nome le deriva probabilmente dal fatto che di qui cominciava il cammino che portava ad Aquileia.

Sormontata all'origine da una semplice torre di difesa, aperta sul lato verso la città, testimoniata in un documento del 1290, essa venne profondamente modificata sul finire del Trecento quando il vescovo Giorgio di Liechtenstein ne fece aumentare l'altezza trasformandola in una vera e propria torre d'abitazione e facendola comunicare con il Castello del Buonconsiglio, tradizionale residenza dei vescovi di Trento, attraverso il lungo passaggio coperto che correva sopra le mura.

In questo modo il prelato si impossessò di fatto di una parte delle mura e della porta privandone i cittadini cui spettava il legittimo possesso.

Il fatto, avvertito come una indebita usurpazione, dovette causare un forte malumore sì che, quando una sommossa popolare e l'intervento del duca d'Austria e conte del Tirolo Federico IV mise fine, nell'aprile del 1407, al potere del vescovo, uno dei primi atti emanati dal duca riguardò appunto l'immediata restituzione della torre al controllo dei trentini. Nel testo si stabilisce minutamente che «la torre della porta dell'Aquila della città di Trento, precedentemente controllata dal vescovo, debba per sempre rimanere nelle mani e in balia dei cittadini di Trento fino al torresello di mezzo situato fra la detta torre e il Castello del Buonconsiglio e che sia lecito ai cittadini di rompere il muro di cinta ed otturare il passaggio in modo tale che non si possa giungere dal detto torresello alla torre dell'Aquila». La decisione di Giorgio di Liechtenstein segnò in realtà il destino della torre che da questo momento fu considerata, e così appare negli inventari e nelle descrizioni, quale parte integrante del Castello.

L'intervento del prelato non si era limitato alla ristrutturazione dell'edificio, ma si era esteso alla sua decorazione; quanto di essa si è conservato ne fa uno dei monumenti più significativi e importanti della pittura gotico-internazionale.

Giorgio di Liechtenstein fu uno dei grandi protagonisti di questa stagione culturale. Giunto sul seggio episcopale di Trento dopo esser stato prevosto di Santo Stefano a Vienna, vale a dire la più alta autorità religiosa di una città in grande sviluppo e da poco divenuta il centro della potenza asburgica, discendente da una ricchissima famiglia aristocratica che aveva grandi possessi in Moravia e in Austria, il suo gusto di committente e di collezionista si manifestò in molti modi fin dall'arrivo a Trento nel marzo del 1391. Delle sue commissioni artistiche ci rimangono una serie di bellissimi ricami eseguiti per decorare paramenti religiosi (Trento, Museo Diocesano) e alcune elaborate oreficerie: un ostensorio dalla complessa struttura architettonica a tre cuspidi (Trento, Museo Diocesano) e una splendida croce astile (Flavon, chiesa parrocchiale). La lista degli arredi, delle suppellettili, dei paramenti che gli furono sequestrati da Federico IV, così come l'elenco di un certo numero di opere dalla sua biblioteca anch'esse sottrattegli dal conte del Tirolo, ci attestano del suo gusto di mecenate, collezionista e bibliofilo. Non sappiamo quali fossero gli arazzi francesi che aveva nel Castello, ma ne conosciamo l'alto valore di stima in quanto l'elenco accenna a «molti pezzi di tappezzerie fatte in Francia per un valore di mille ducati». Quanto ai libri miniati basti dire che tra essi era uno splendido esemplare di «Tacuinum Sanitatis», vale a dire di una di quelle straordinarie enci-

Pagina precedente: Trento, la Torre
Aquila con il camminamento che porta
al Castello del Buonconsiglio.

Frans Hogenberg: veduta prospettica di
Trento (1588); particolare con il
Castello del Buonconsiglio.

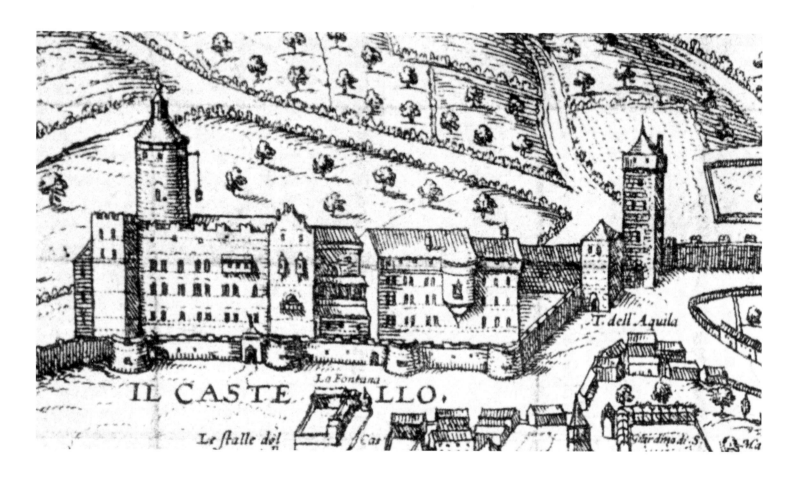

clopedie illustrate di soggetto igienico-sanitario basate su un antico testo arabo che sul finire del Trecento erano state prodotte nell'ambiente della corte dei Visconti. Il volume che come attesta un'iscrizione, era stato di Giorgio di Liechtenstein, venne predato da Federico d'Austria ed è oggi alla Biblioteca Nazionale austriaca a Vienna.

Le opere ancora esistenti e le notizie di quelle perdute legate all'attività e alla committenza del vescovo permetterebbero già di collocarlo in significativa posizione tra i grandi «patrons» degli anni intorno al 1400, ma ciò che gli assicura una posizione veramente singolare tra questi è il ciclo di dipinti che decora la sala del secondo piano della Torre Aquila.

Una serie continua di immagini si sussegue qui sulle pareti illustrando attraverso un sapiente intrecciarsi di temi aristocratici e popolari i mesi dell'anno. Si tratta di undici scene, (una, quella illustrante il mese di Marzo, che doveva essere raffigurata sulla parete della scala a chiocciola nell'angolo sud-est, è andata perduta con la distruzione della scala) dedicate ognuna ai passatempi e ai lavori di un mese e inquadrate da alte colonnine tortili che dovevano suscitare l'impressione di una leggera struttura architettonica, una sorta di loggia aperta da ogni lato su un paesaggio in continua trasformazione.

Il ciclo, dipinto a fresco con estesi interventi a tempera, deve essere stato eseguito attorno al 1400, e ha subito un radicale restauro che ha comportato estese ridipinture da parte del pittore Marcello Fogolino attorno al 1535, per volere del cardinale Bernardo Cles.

Le riprese cinquecentesche, molto numerose nei volti dei personaggi e negli abbigliamenti ma anche in ampie zone del paesaggio, causano in molti casi difficoltà anche notevoli nella lettura del testo primitivo che, tuttavia, nei particolari, dove appare integro rivela un'alta qualità di esecuzione, e un'estrema precocità nelle soluzioni adottate. Il ciclo venne infatti eseguito prima del 1407, vale a dire prima dell'imprigionamento del vescovo e della sua cacciata da Trento. Esso porta le armi Liechtenstein spaccate di oro e di rosso (nella scena di Gennaio e, nell'inquadramento della finestra sulla parete Est) e sembra assai difficile che il vescovo l'abbia fatto eseguire dopo la sommossa, quando a Trento non fece che sporadici soggiorni. Inoltre sull'intonaco non affrescato di una parete dell'ambiente del terzo piano, la cui decorazione oggi conservata solo per frammenti rivela la mano dello stesso maestro operoso nel ciclo dei Mesi, un graffito ricorda l'imprigionamento del vescovo nell'Aprile 1407.

L'elemento che maggiormente caratterizza il ciclo in senso moderno è l'estensione straordinaria del paesaggio che, mese dopo mese, scandisce in un ciclo continuo il succedersi e il mutare delle stagioni. L'evolversi dell'anno è marcato in alto sopra ogni scena da una rappresentazione del sole, di volta in volta situato in una diversa casella zodiacale, dalle occupazioni degli aristocratici e dei contadini, dal mutare dell'aspetto della vegetazione. Ad una cortese battaglia a palle di neve segue un torneo, quindi scene di una corte d'amore e diverse rappresentazioni di caccie. Il lavoro dei campi, distinto nelle diverse operazioni proprie a ciascun mese, l'aratura, la semina, il taglio del fieno, la mietitura, la raccolta delle rape, la vendemmia, l'abbattimento degli alberi, si snoda in un paesaggio che prima ricoperto di neve vede spuntare i primi fiori e germogli, e quindi susseguirsi alberi a spalliera carichi di frutta, campi e prati. All'erba alta succede il grano maturo ai vigneti carichi di grappoli gli alberi che perdono le foglie e la vite che da verde diviene rossa.

Il succedersi delle stagioni è sottolineato da elementi di continuità del paesaggio, colline, montagne, gruppi di capanne, castelli, fiumi che continuano il loro corso da un mese all'altro, da Novembre a Dicembre a Gennaio suggerendo l'idea di un anello continuo e immutabile. Di fronte a questo snodarsi dei paesaggi e al loro susseguirsi ininterrotto viene fatto di evocare testi letterari trecenteschi attenti a una osservazione della natura e del suo mutare: i sonetti che Folgore da San Gimignano aveva dedicato ancora agli inizi del Trecento ai mesi, o, più tardi, il lento volgere del tempo in un poema inglese della fine del Trecento quale «Sir Gawain e il Cavaliere Verde». Di quest'ultimo testo anzi l'immagine del cambiamento di paesaggio e del suo ineluttabile ripetersi è particolarmente vicina al ciclo di Trento. Anche se esso non fu certamente noto al vescovo Giorgio varrà la pena di citarne un passaggio come significativa testimonianza di quell'interesse verso il mutevole volto della natura che si manifesta in tutta Europa sul finire del Trecento:
«Ma poi il tempo del mondo combatte l'inverno,
il freddo affonda nel suolo, s'alzan le nubi,
scende in caldi scrosci brillante la pioggia,
cade sui prati e vi nascono i fiori,
la terra e i cespugli si veston di verde,
fanno case presto gli uccelli, cantano a gloria,
della dolce estate felici che viene,
sulle colline,
e i bocci si gonfiano in fiore,
sulle siepi ricolme,
molti e nobili canti,
s'odono nello splendido bosco.
Quindi la stagione d'estate coi venti leggeri,
quando Zefiro spira sui semi e le piante,
felice è la pianta che cresce,

quando dalle foglie umide stilla rugiada,
e attende un raggio beato di sole.
Ma poi s'affretta l'autunno e presto la tempra,
la vuole matura perché viene l'inverno,
col secco solleva la polvere,
alta a volare sulla faccia del mondo.
Il vento rabbioso dal cielo lotta col sole,
cadono le foglie dagli alberi e si posano a terra,
e tutta s'ingrigia l'erba che prima era verde:
tutto quello che era cresciuto matura e marcisce.
Scompare così l'anno in tanti ieri
e torna ancora l'inverno, com'è legge del mondo...».
(«Sir Gawayn and the Grene Knight», versi 505-530, traduzione di Piero Boitani).

Non vi sono venti o piogge nel ciclo di Trento, ma, per la prima volta nella storia della pittura occidentale, troviamo un paesaggio innevato (il mese di Gennaio dove i cacciatori sprofondano nella neve fino a mezza gamba mentre il gruppo dei signori si misura a palle di neve) e troviamo anche le prime nuvole a increspare il colore unito del cielo (sempre nel Gennaio), il mutare della vegetazione e le foglie degli alberi che si posano a terra (Novembre e Dicembre). E troviamo d'altra parte una felice mescolanza delle attività dei vari gruppi dove i lavori agricoli si intrecciano ai diporti dei nobili, senza che sia tuttavia presente una intenzione caricaturale nei confronti dei contadini e della loro rappresentazione.

Tutti questi elementi, ed altri ancora come la presenza dominante di un castello del committente (il castello di Stenico) nel mese di Gennaio preludono al celebre calendario delle «Très-Riches-Heures» del Duca di Berry dipinte dai fratelli de Limbourg, una decina d'anni dopo il ciclo di Trento.

La presenza di tante innovazioni, che si troveranno poi riprese in un'opera chiave della pittura europea come le «Très-Riches-Heures» suscita molte domande sulla cultura del maestro dei Mesi di Trento e sulle sue fonti.

Si è pensato che potesse essere boemo di origine e molti elementi e confronti proverebbero che probabilmente è così, anche se non si tratta necessariamente di quel maestro Venceslao che nel libro della confraternita dei pittori di Sant'Antonio all'Arlberg, risulta essere stato pittore del vescovo di Trento. In effetti il ciclo dei Mesi eseguito prima del 1407 sembra molto più avanzato di quanto non siano gli affreschi firmati da un maestro Venceslao nel 1415 nella cappella del cimitero di Riffiano, presso Merano.

Quindi o due diversi pittori di nome Venceslao (un nome che sembra denunciare un'origine boema cosa che tuttavia potrebbe essere confermata solo da un'indagine onomastica) lavorarono in questi anni nel Tirolo meridionale, o il pittore dei Mesi non portava questo nome.

Si chiamasse o no Venceslao la sua origine è probabilmente boema, ed è il tipo abbastanza particolare dei suoi paesaggi, ripidi come arazzi con scarsi approfondimenti spaziali con montagne rappresentate in modo molto particolare in forma di scheggioni rocciosi dai colori raffinatamente irreali: rosa, verde pallido, ocra (si veda particolarmente il mese di Luglio), che ricorda la miniatura boema dell'ultimo decennio del Trecento, quella, fiorita attorno alla corte di re Venceslao, che decora la celebre «Wenzelsbibel», la Bibbia in molti volumi che il re aveva fatto illustrare da una équipe di miniatori attorno al 1395 e che è oggi alla Biblioteca Nazionale austriaca a Vienna. Anche minuti dettagli sembrano attestare questa origine: un dato più

volte presente negli affreschi di Trento laddove sono rappresentate delle architetture, e cioè le mura costruite con grosse pietre che aggettano dalla superficie intonacata in modo da ottenere un effetto irregolare di bugnato (di cui a Trento sono esempi nel castello del mese di Luglio, nella torre in rovina del mese di Agosto, nella cinta cittadina dei mesi di Novembre e di Dicembre) si trova in molte miniature della Bibbia di Venceslao; e in genere gli schemi usati a Trento per rappresentare borghi, città, castelli trovano confronti e paralleli in opere miniate boeme, dalle illustrazioni del Willehalm (Vienna) e quelle della *Cronaca Boema* di Cosmas (Praga, Museo Nazionale).

Ma non solo boema è la cultura del maestro dei Mesi, che potrebbe definirsi per eccellenza una cultura di frontiera, tante sono le suggestioni che si avvertono e si possono documentare nella sua opera. Innanzitutto quelle dell'Italia Settentrionale.

Si è già detto che Giorgio di Liechtenstein possedeva nella sua biblioteca un esemplare di «Tacuinum Sanitatis» lombardo, quello oggi alla Biblioteca di Vienna.

Un altro esemplare ne esisteva probabilmente in quel tempo nel Tirolo meridionale ed era quello – oggi alla Bibliothèque Nationale di Parigi – che Viridis Visconti aveva portato in dono al marito, Leopoldo d'Austria, e che, forse, fu conservato per qualche tempo a Castel Tirolo, presso Merano. Ora gli elementi lombardi sono presenti in molti degli affreschi di Trento, nella figura del fabbro all'opera nella sua bottega rappresentata nella parte inferiore del mese di Febbraio, nel campo di rape nel mese di Settembre, nello splendido torchio per il vino nel mese di Ottobre, nelle spalliere di alberi da frutto del mese di Agosto. L'attenzione naturalistica con cui nei

Mesi sono rappresentati alberi da frutto,
piante, fiori, contadini intenti a cogliere,
singoli attrezzi, sembra indiscutibilmen-
te provenire, come del resto l'attenzione
a definire le caratteristiche climatiche,
dalla lezione dei Tacuina. Peraltro il modo incerto, ripido e ancora arcaico di
rappresentare lo spazio nei Mesi trentini, le vistose incoerenze nella scala dei
personaggi e delle cose rappresentate come pure nel trattamento degli interni (si
prenda come esempio l'incerta organiz-
zazione spaziale della bottega del fabbro
del mese di Febbraio) escludono che il
pittore dei Mesi possa essere stato un
lombardo o, più in generale, un italiano.
Ma resta da farsi una domanda più generale: quali esempi possono avere gioca-
to nella mente del committente per spin-
gerlo ad ordinare un ciclo di questo genere, una grandiosa rappresentazione
«en plein air» all'interno di una sala,
una autentica epopea della vita signorile
dove i Mesi vengono rappresentati non
attraverso personaggi o attività isolate,
ma in una straordinaria azione corale
cui partecipano aristocratici e contadini? Occorre dire che il gusto per rappresentare in un ambiente chiuso paesaggi
e scene all'aria aperta, quasi ad annulla-
re le pareti, a trasformare uno scuro interno in una visione di Paradiso ha radi-
ci assai antiche, basti pensare agli esempi classici della casa di Livia sul Palatino. Nel corso del Trecento il fenomeno
si era ripresentato con particolare am-
piezza e vigore. Nel Palazzo dei Papi di
Avignone le pareti della camera del pa-
pa sono tutte dipinte a tralci e a racemi
che si inerpicano fino al soffitto, mentre
nella attigua stanza della Guardaroba
(1343) episodi di caccia e di pesca si
susseguono ininterrottamente. Anche se,
ne rimangono pochi esempi il gusto per
le camere dipinte fu estremamente diffu-
so, in Francia come in Italia o in Germa-
nia. A Vienna appunto, la città da cui

Trento, Torre Aquila, sala dei Mesi,
parete Ovest.

proveniva Giorgio di Liechtenstein, un
esempio ne è venuto recentemente alla
luce, mentre nei castelli del Tirolo meridionale, da Runkelstein a Lichtenberg
abbondano le rappresentazioni di scene
all'aperto con episodi di vita cortese, di
caccia, di giochi, di danze. Talora questi
cicli dove domina lo scenario naturale si
ispirano a testi letterari, a romanzi caval-
lereschi. Episodi delle storie di Tristano
e di Garello sono rappresentati in una
sala del castello di Runkelstein mentre
il ciclo pittorico recentemente ritrovato
a Vienna si ispira alle liriche di Neidhart, poeta cortese del tredicesimo secolo, e le citazioni letterarie non mancano
nel ciclo di Trento (si vedano per esempio nel mese di Maggio l'episodio mala-
mente leggibile della lotta di un cavaliere con un leone tra gli arbusti del roseto
o la fontana magica nella zona superiore dell'affresco).
Temi e soggetti ispirati dalla vita cavalleresca, dai lavori dei mesi, dal mondo dei
contadini e dei pastori si trovano con
frequenza negli arazzi enumerati negli
inventari di Carlo V di Francia o di Fi-
lippo l'Ardito duca di Borgogna e il vescovo Giorgio possedeva, come si è detto, nel suo castello un gruppo di arazzi
francesi che gli furono sottratti da Federico d'Austria e che possiamo immagina-
re siano stati, al pari delle miniature
lombarde, una fonte di suggerimenti per
il pittore dei Mesi.
Un'ultima componente nella cultura fi-
gurativa del maestro dei Mesi, uno strumento di cui dovette largamente servirsi
nell'elaborazione delle singole scene, do-
vettero essere, infine, i taccuini di schiz-
zi e di modelli. La circolazione di questi
libri di appunti pittorici nelle cui pagine
si trovavano isolati singoli particolari,
volti, panneggi, scene, paesaggi, figure,
tratti da diverse composizioni, è testimoniata sulla fine del Trecento da qualche
esemplare che ci è ancora conservato

17

(come il *Libro di Jacques Daliwe*, oggi a Berlino o il taccuino del Museo di Braunschweig). L'uso di simili repertori spiegano nel ciclo dei Mesi l'apparente incoerenza di certi accostamenti, l'isolamento di certi personaggi che partecipano alla medesima azione, l'aspetto non unitario di certe scene. Il modo in cui nel mese di Gennaio l'immagine del Castello di Stenico che domina la scena sia posta entro un paesaggio nevoso, ma che di neve non si scorga nessuna traccia sui tetti o sulle mura del castello è un esempio di come due immagini di diversa provenienza o studiate in diversi momenti possano essere accostate in una medesima scena.

Ma pur utilizzando taccuini e repertori di immagini, trovando suggerimenti nelle pagine miniate di un codice lombardo o nei temi di un arazzo francese, servendosi di schemi rappresentativi che risalgono alla cultura in cui si era originariamente formato, il maestro dei Mesi mostra una precisa e assidua capacità di osservazione della realtà che lo circondava. Il castello del mese di Gennaio è, come si è detto, il Castello di Stenico in possesso del vescovo che questi aveva fatto restaurare e ampliare, e delle diverse fasi costruttive del castello si ha una accurata testimonianza nella pittura. Anche gli utensili e le capanne dei contadini sono studiate direttamente come mostrano i tetti coperti da scandole di legno dell'alpeggio del mese di Giugno o il contadino seduto accanto all'incudine che raddrizza il filo della falce nel mese di Luglio. Il modo di ribattere la falce fienaia con l'incudine piantata su un ceppo di legno e senza smontare la falce che necessita quindi di un supporto speciale per il manico, è stato usato per secoli in Tirolo, a preferenza di altre soluzioni, ed è quindi, evidentemente, frutto di una precisa osservazione, come tante altre immagini di attrezzi e strumenti agricoli, falci, falcetti, rastrelli, forconi, erpici, aratri, carri dalle sponde a forcella, fino agli astucci di legno per contenere la cote per arrotare che i contadini portano al fianco nel mese di Luglio.

Un altro aspetto è caratteristico del ciclo trentino, quello di intrecciare la vita e le attività dei due gruppi sociali, contadini e aristocratici, senza traccia di atteggiamenti polemici verso il mondo paesano, certamente caratterizzato nelle espressioni e negli abiti ma apparentemente senza intenti satirici. I due mondi coabitano armoniosamente, in un cosmo ordinato dove le stagioni e i mesi si succedono senza urti e lacerazioni. Questa apologia della società cortese si oppone come una sorta di proiezione immaginaria e desiderata alla cruda realtà del governo del vescovo Giorgio, segnato nei primi anni del Quattrocento, da rivolte contadine nelle valli che culminarono con il saccheggio e la distruzione dei castelli da cui si esercitava il controllo sociale e, per finire, dalla sommossa cittadina di Trento che segnò il crollo definitivo delle illusioni neofeudali e dei sogni di indipendenza del prelato.

Nel quadro della pittura del gotico internazionale che ha avuto i suoi centri nelle grandi corti europee, da Parigi a Praga, da Digione a Bourges a Milano, il ciclo trentino dei Mesi, realizzato nella piccola capitale alpestre del vescovo Giorgio di Liechtenstein, occupa una posizione di primo piano e di grande precocità. Esso resta una splendida testimonianza, di rango e significato europeo, di un momento estremo della cultura cortese in quell'area alpina che, per la frammentazione dei feudi, la crisi attraversata in quel tempo dalle organizzazioni centralizzatrici, l'esiguità dei gruppi borghesi nelle città, fu una delle terre d'elezione dell'arte cosmopolita fiorita intorno al 1400, una delle regioni dove più a lungo ne restò l'impronta; la testimonianza di un momento in cui le scarse forze della feudalità pensarono di conoscere una nuova età dell'oro rinnovando gli antichi fasti. Giunse però presto l'ora della verità che venne a marcare la fine delle illusioni di autonomia, dei sogni di indipendenza.

Nel caso del vescovo Giorgio questo momento fu drammaticamente ed emblematicamente segnato da un graffito vendicativo tracciato al terzo piano della Torre Aquila proprio sull'intonaco di uno dei nuovissimi affreschi: «1407 die Sabati l...Fedrigo de Ostarich in Trento.../ me... e ave la segnoria e l vescovo».

Della decorazione voluta dal vescovo Giorgio di Liechtenstein per la Torre Aquila rimangono, oltre agli affreschi della stanza dei Mesi, altri frammenti e testimonianze al primo e al terzo piano della torre e nel torresello di mezzo che si incontra a metà del cammino coperto che congiunge la torre al castello. Resta qui un bel soffitto ligneo dal disegno tardo-gotico realizzato al tempo del vescovo ed è probabile che le pitture cinquecentesche con scene di caccia che ne ornano le pareti seguano il modello e i temi di una più antica decorazione.

Quanto alla torre propriamente detta si conserva al primo piano il tamburo ligneo della scala a chiocciola con profilature gotiche e il soffitto a cassettoni, la cui attuale decorazione risale interamente al tempo del cardinale Bernardo Cles, mentre al terzo piano, completamente ristrutturato ai tempi del cardinale, rimangono importanti traccie dell'antica decorazione che doveva ricoprire interamente le pareti. Su una di esse una scena lacunosa ma parzialmente visibile presenta un gruppo aristocratico composto da due dame e un gentiluomo entro un paesaggio roccioso e due contadini, uno inginocchiato che offre della frutta, l'altro intento a cogliere qualcosa entro un cespuglio. Sulla parete accanto è rappre-

sentato un castello con una cinta di mura merlate che Nicolò Rasmo ha identificato nel Castello del Buonconsiglio prima dei rifacimenti apportativi dal vescovo Giorgio di Liechtenstein. Con un raf-
finato gioco illusionistico il pittore
avrebbe qui rappresentato il castello proprio come doveva essere visto dalla torre. Il fatto che il castello sia stato rappresentato come appariva prima delle modi-
ficazioni volute dal vescovo Giorgio e
terminate nel 1404 ha fatto supporre
che gli affreschi siano stati eseguiti prima di questa data. Su una terza parete
infine sono i frammenti di una figura
femminile di cui è conservata solo una

parte del panneggio. Quanto resta fa
pensare che in questa camera fossero
rappresentati passatempi cortesi che si
svolgevano intorno al castello.
La sala del secondo piano della Torre
Aquila dove aveva sbocco il lungo cammino coperto che partiva dal castello e
sulle cui pareti si dipana la sequenza
delle immagini dei Mesi è alta poco più
di cinque metri e mezzo, lunga poco me-
no di otto e larga sei ed è illuminata nei
due lati brevi (Est e Ovest) da due finestre.
Le quattro pareti sono decorate nella loro parte superiore a partire da un'altezza di due metri e ventisei dal suolo da

pitture che illustrano i vari mesi dell'anno. Il ciclo comincia sulla parete Est
con Gennaio e Febbraio, (Marzo è per-
duto essendo stato dipinto sulla parete
della scala) e continua sulla parete meridionale con i mesi di Aprile, Maggio e
Giugno, quindi su quella occidentale
con Luglio e Agosto, per terminare su
quella settentrionale con Settembre, Ottobre, Novembre e Dicembre. Il soffitto
è ligneo, a travicelli, appoggiato su quattro grandi travi poste in direzione Nord-
Sud e su una decina di travicelli che
corrono nella direzione Est-Ovest.
Tra le finte colonne tortili che separano
le scene e i travi si stabiliscono in alcuni

Maestro dei Mesi, l'offerta delle fragole, Trento, Torre Aquila, sala del terzo piano.

casi delle raffinate corrispondenze. Sotto le immagini dei Mesi corre un fregio pseudo-architettonico molto lacunoso, una sorta di larga cornice dove lunghe specchiature architettoniche sono interrotte da formelle e medaglioni, oggi conservati in minima parte, al cui interno erano teste umane, stemmi e motivi vegetali. Meglio conservata è l'inquadratura delle due finestre che comporta motivi a foglia d'acanto su fondo rosso interrotti da oculi che, con pronunciato effetto di profondità, incorniciano busti e blasoni. Non è possibile invece precisare come continuasse la decorazione dell'alto zoccolo sotto la cornice pseudo-architettonica perché il tendaggio a balze bianche e rosse oggi visibile è stato dipinto su un nuovo intonaco al tempo del cardinal Bernardo Cles quando la decorazione della sala ebbe a subire, come si è detto, estesi rifacimenti.

Il restauro, dovuto a Marcello Fogolino, modificò profondamente l'aspetto della decorazione intervenendo nei volti e nelle vesti dei personaggi, nelle architetture, nei paesaggi, nella vegetazione, disseminando sulle travi del soffitto gli emblemi del Cardinale, riprendendo pesantemente l'azzurro dei cieli, le iscrizioni con i nomi dei mesi (in basso) e (in alto) dei segni zodiacali e sostituendo con stucco dipinto le originarie immagini del sole al sommo di ognuno dei mesi.

L'estensione dei restauri cinquecenteschi è dovuta al fatto che il pittore del vescovo Giorgio pur eseguendo il ciclo dei Mesi a buon fresco, utilizzò assai largamente la tempera per terminare e riprendere le sue composizioni. Le parti dipinte a tempera furono le prime a sparire sia a causa degli annerimenti prodottisi sia a causa delle puliture troppo radicali cui furono sottoposte.

Perdite e deterioramenti le pitture subirono in seguito specie quando durante l'Otto e il primo Novecento il Castello venne utilizzato come caserma. Ampie crepe, specie nei mesi di Maggio e di Ottobre, sparse cadute di colore, qualche danno all'intonaco causato dall'appoggio alle pareti di scale e travi e un gran numero di ridipinture hanno estesamente danneggiato la superficie dipinta che venne nel corso di questo secolo sottoposta a due restauri.

Il primo ebbe luogo successivamente al passaggio di Trento all'Italia quando, negli anni tra il Venti e il Trenta fu attuato, sotto la direzione del Gerola, un importante programma di interventi sul castello; il secondo restauro promosso e finanziato dalla Fondazione Ercole Varzi, fu effettuato nel 1978 da Leonetto Tintori (si vedano le annotazioni del restauratore in E. Castelnuovo, *I Mesi di Trento*, Trento, 1986, pp. 256-264).

Nel 1960, sotto la direzione di Niccolò Rasmo, venne d'altra parte ultimato il recupero e la pulitura del frammentario ciclo di affreschi al terzo piano della torre, di mano certamente del maestro dei Mesi e, per il poco che ne rimane, non tocco da ridipinture cinquecentesche.

## Bibliografia

B. KURTH, *Ein Freskenzyklus im Adlerturm zu Trient*, in «Jahrbuch des kunsthistorischen Institutes der k.k. Zentralkommission für Denkmalpflege», V, 1911, pp. 9 sgg.

A. MORASSI, *Come il Fogolino restaurò gli affreschi di Torre Aquila a Trento*, in «Bollettino d'Arte», VII, 1928-29, pp. 337 sgg.

A. MORASSI, *Storia della pittura nella Venezia Tridentina*, Roma, 1934, pp. 273 sgg.

O. PÄCHT, *Early Italian Nature Studies and the Early Calender Landscape*, in «Journal of the Warburg and Courtauld Institutes», XIII, 1950.

N. RASMO, *Venceslao da Trento e Venceslao da Merano*, in «Cultura Atesina», XI, 1957, pp. 21 sgg.

N. RASMO, *Gli affreschi di Torre Aquila a Trento*, Calliano, 1975.

N. RASMO, *Il Castello del Buonconsiglio a Trento*, Trento, 1975, 2° ed. 1982.

N. RASMO, *L'età cavalleresca in Val d'Adige*, Milano, 1980, pp. 121 sgg.

E. CASTELNUOVO, *I Mesi di Trento*, Trento, 1986.

## Die Monatsbilder
## im Adlerturm von Trient

In der Trentiner Stadtmauer aus dem 13. Jahrhundert tut sich ganz in der Nähe des Schlosses Buonconsiglio das Adlertor auf (ital. «Porta Aquila»). Hier beginnt die Strasse durch das Suganatal, die einst Aquileia zum Ziel hatte: daher die Annahme, dass dieses Stadttor ursprünglich «Porta di Aquileia» hiess.

Wie aus einer Urkunde aus dem Jahr 1290 hervorgeht, wurde dieses Tor anfangs von einem einfachen Wachtturm überragt, der gegen die Stadt hin offen war. Gegen Ende des 14. Jahrhunderts aber erfuhr der Turm eine grundlegende Änderung in der Baustruktur, als er unter Bischof Georg von Liechtenstein in einen Wohnturm verwandelt und durch einen langen überdachten Gang, der sich längs der Stadtmauer hinzog, mit dem Schloss Buonconsiglio, der bischöflichen Residenz, verbunden wurde.

Der Bischof bemächtigte sich auf diese Weise eines Teils der Stadtmauern und des Tors – zum Nachteil der Bürgerschaft, in deren rechtmässigem Besitz sich diese Bauten bis dahin befunden hatten.

Diese widerrechtliche Aneignung rief unter der Bevölkerung grösste Misstimmung hervor. Und als der bischöflichen Macht im April 1407 durch einen Volksaufstand und den Eingriff von Friedrich IV., dem österreichischen Herzog und Grafen von Tirol, ein Ende gesetzt wurde, unterstellte der Herzog den Turm sofort wieder der Kontrolle durch die Trentiner. Im Text der entsprechenden Urkunde wird klar festgelegt, dass «der Turm über dem Adlertor in der Stadt Trient, der bis dahin vom Bischof kontrolliert wurde, für immer in Besitz und Gewalt der Bürger von Trient bleiben muss, und zwar bis zum kleinen Turm zwischen diesem Turm und dem Schloss Buonconsiglio, und den Bürgern ist es erlaubt, die Stadtmauer zu unter-

brechen und den Zugang zu versperren, damit der Adlerturm vom besagten kleinen Turm aus nicht erreicht werden kann».

Mit dem von Georg von Liechtenstein gefassten Entschluss wurde aber in Wirklichkeit das Schicksal des Turms besiegelt, der von jetzt an – was auch aus den Inventaren und Beschreibungen hervorgeht – als Bestandteil des Schlosses angesehen wurde.

Der Bischof hatte sich nicht nur darauf beschränkt, den Turm umzubauen, sondern er hatte ihn auch mit Malereien ausschmücken lassen, die zu den bedeutungsvollsten Beispielen der Kunst der internationalen Gotik zählen.

Georg von Liechtenstein war einer der Träger dieser kulturellen Blütezeit. Vor seiner Berufung auf den Trentiner Bischofsthron war er Probst des Stephansdoms in Wien gewesen und somit der höchste geistliche Würdenträger in einer mächtig aufstrebenden Stadt, die sich gerade damals zum Mittelpunkt der habsburgischen Macht entwickelt hatte. Er stammte aus einer sehr wohlhabenden Adelsfamilie, die in Mähren und Österreich grosse Güter besass, und gleich nach seiner Ankunft in Trient im März 1391 erwies er sich als grosszügiger Auftraggeber und Sammler. Er liess viele Kunstwerke ausführen, von denen bis heute wunderschöne Stickereien auf religiösen Paramenten erhalten sind (Trient, Diözesanmuseum) sowie kostbare Goldschmiedearbeiten: eine raffiniert strukturierte Monstranz mit drei Spitzen (Trient, Diözesanmuseum) und ein herrliches, auf einem Stab angebrachtes Kreuz (Flavon, Pfarrkirche). Das Verzeichnis der Möbel, der Einrichtungsgegenstände und der Paramente, die ihm von Friedrich IV. beschlagnahmt wurden, wie auch die Liste der in seiner Bibliothek vorhandenen Werke, die ihm ebenfalls vom Grafen von Tirol abge-

nommen wurden, zeugen davon, dass er den Geschmack und Kunstsinn eines grossen Mäzens, Sammlers und Bücherliebhabers hatte. Wir wissen heute nicht mehr, welche französischen Gobelins sich im Schloss befunden hatten. Dass sie äusserst wertvoll waren, geht aus dem Verzeichnis hervor, in dem von «vielen in Frankreich gewirkten Wandbildteppichen im Wert von tausend Gulden» die Rede ist. Unter den mit Miniaturen ausgeschmückten Büchern befand sich ein herrliches Exemplar eines «Tacuinum Sanitatis», das heisst eines dieser grossartigen medizinischen Lehrbücher, die auf einen alten arabischen Text zurückgingen und gegen Ende des 14. Jahrhunderts am Hof der Visconti entstanden waren. Dieses Buch, das – wie eine Inschrift besagt – Georg von Liechtenstein gehört hatte, wurde von Friedrich von Österreich «mitgenommen», und es befindet sich heute in der Österreichischen Nationalbibliothek in Wien.

Allein die noch heute erhaltenen Werke und die Angaben über die verlorengegangenen zeugen vom regen Mäzenatentum des Bischofs, der zweifellos zu den grossen «Mäzene» der Zeit um 1400 gehörte. Eine ganz besondere Rolle aber bekommt er durch den Malereizyklus im zweiten Stock des Adlerturms.

Die Wände eines Raums sind hier mit einer ununterbrochenen Bilderfolge ausgeschmückt, die von den Tätigkeiten des Adels und des Volks im Laufe des Jahres erzählt. Es handelt sich in Wirklichkeit um elf Szenen (das Märzbild, das sich an der Wand der Wendeltreppe in der südöstlichen Ecke befunden hatte, ist bei der Zerstörung dieser Treppe verlorengegangen), in denen die Freizeitbeschäftigungen und die Arbeiten, die für die einzelnen Monate charakteristisch sind, beschrieben werden. Diese Bilder werden von hohen gewundenen

Säulen eingefasst, die eine architektonische Struktur vortäuschen, eine Art Loggia, die sich auf eine sich ständig verändernde Landschaft auftut.

Dieser Zyklus, der in Fresko- und Temperatechnik ausgeführt worden ist, dürfte um das Jahr 1400 entstanden sein. Um 1535 ist er im Auftrag von Kardinal Bernhard von Cles durch den Maler Marcello Fogolino umfassend restauriert und übermalt worden.

Diese Übermalungen des 16. Jahrhunderts, die besonders häufig in den Gesichtern, der Kleidung und auch in der Landschaft zu erkennen sind, erschweren stellenweise erheblich die Lektüre der ursprünglichen Bilder. Wo diese Malereien intakt erhalten sind, weisen sie ein hohes künstlerisches Niveau und Lösungen auf, mit denen sie ihrer Zeit voraus sind. Denn mit Sicherheit sind diese Monatsbilder vor 1407 ausgeführt worden, das heisst vor der Einkerkerung des Bischofs und seiner Vertreibung aus Trient. Im Monatsbild für den Januar und im Fensterrahmen an der Ostwand ist das Liechtenstein'sche Wappen (rotgold) zu sehen – woraus zu schliessen ist, dass der Bischof die Malereien wohl nicht nach dem Aufstand hatte ausführen lassen, als er sich nur noch sporadisch in Trient aufhielt. Ausserdem erinnert ein Graffito auf dem nicht mit Fresken bemalten Putz eines Raumes im dritten Stock, dessen bruchstückhaft erhaltene Dekoration vom selben Maler wie die Monatsbilder stammt, an die im April 1407 erfolgte Einkerkerung des Bischofs.

Das modernste und für diesen Bilderzyklus kennzeichnendste Element ist die aussergewöhnliche Darstellung der Landschaft, aus der man Monat für Monat die wechselnde Aufeinanderfolge der Jahreszeiten ablesen kann. Der Jahresablauf wird von der Sonne bezeichnet, die sich oberhalb jeder Szene in einem anderen Tierkreis befindet, von den Betätigungen des Adels und der Bauern sowie von der sich verändernden Vegetation. Auf eine höfische Schneeballschlacht folgt ein Turnier, dann höfisch-amouröse Darstellungen und Jagdszenen. Die Feldarbeiten – es sind je nach Jahreszeit das Pflügen, das Säen, die Heumahd, die Korn- und Rübenernte, die Weinlese und das Holzfällen – wickeln sich in einer allmählich sich verändernden Landschaft ab: Sie ist anfangs schneebedeckt, zeigt dann die ersten Triebe und Blüten, wird später von fruchtbeladenen Bäumen beherrscht, von Feldern und Wiesen. Und auf das hohe Gras folgt das reife Korn, auf die üppigen Weinberge die von den Bäumen fallenden Blätter, während die Trauben ausreifen.

Diese Aufeinanderfolge der Jahreszeiten wird von Landschaftselementen wie Hügeln, Bergen, Häusergruppen, Burgen und Flüssen unterstrichen, die sich an den Wänden ununterbrochen von einem Monat zum anderen hinziehen, vom November über den Dezember zum Januar – sodass sie die Vorstellung von einem endlosen Ring, einem unveränderlichen Kreislauf erwecken. Diese unaufhörlich vor uns abrollenden Landschaftsbilder evozieren literarische Texte des 14. Jahrhunderts, in denen die Natur und ihr Sich-Verändern beschrieben werden: die Sonette, die Folgore da San Gimignano schon im frühen 14. Jahrhundert den Monaten gewidmet hatte oder später der langsame Ablauf der Zeit in «Sir Gawayn and the Grene Knight», einem englischen Epos aus dem ausgehenden 14. Jahrhundert. Dieses Gedicht, das die sich verändernde Landschaft und den unabwendbaren, ewigen Kreislauf der Natur zum Thema hat, steht den Monatsbildern in Trient sehr nahe. Auch wenn dieser Text dem Bischof Georg sicher nicht bekannt war, so ist es doch der Mühe wert, einen Auszug daraus wiederzugeben – als bedeutungsvolles Beispiel für das Interesse an der veränderlichen Natur, das gegen Ende des 14. Jahrhunderts in ganz Europa erwacht war:

«Aber dann bekämpft die Zeit der Welt den Winter,
die Kälte versinkt im Boden, es steigen Wolken auf,
der Regen geht warm und prasselnd nieder,
fällt auf die Wiesen, wo Blumen blühen,
Erde und Büsche kleiden sich in Grün,
die Vögel bauen bald ihre Nester, besingen jubelnd
den sanften, glücklichen Sommer, der einzieht,
auf den Hügeln,
und die schwellenden Knospen öffnen sich zu Blüten,
auf den üppig vollen Hecken,
viel edler Gesang
ist im herrlichen Wald zu hören.
Dann der Sommer mit sanften Winden,
wenn Zephir über Samen und Pflanzen weht,
glücklich die wachsende Pflanze,
aus deren feuchten Blättern Tau träuft
und die auf den Sonnenstrahl wartet.
Aber dann eilt der Herbst heran, der sie stärkt
und zum Reifen bringt, denn es nähert sich der Winter,
der trockenen Staub aufwirbelt,
hoch in der Luft, über dem Antlitz der Erde.
Von Himmel herab kämpft der Wind zornig mit der Sonne,
Laub fällt von den Bäumen und bedeckt den Boden;
alles Grün verwandelt sich in Grau,
und was gewachsen war, reift und fault.
So geht das Jahr im Gestern zu Ende,
es kehrt der Winter zurück, wie es das Gesetz der Welt ist...».

Auf den Trentiner Monatsbildern fehlen

Regen und Wind. Aber erstmals in der Geschichte der abendländischen Malerei treffen wir eine verschneite Winterlandschaft an (auf dem Januarbild, wo die Jäger bis zum Knie im Schnee versinken, während einige Adelige eine Schneeballschlacht machen). Und zum ersten Male finden wir hier auch Wolken, die den sonst klaren Himmel trüben (ebenfalls im Januar), ausserdem die sich verändernde Pflanzenwelt und fallendes Laub (November und Dezember). Die Betätigungen der verschiedenen Gruppen sind glücklich miteinander vermischt, die Landarbeiten verflechten sich mit den Vergnügungen der Adeligen, ohne dass die Bauern dabei karikiert dargestellt würden.

All diese Elemente – und dazu die dominierende Präsenz der Burg des Auftraggebers (Schloss Stenico auf dem Januarbild) – kündigen das berühmte Stundenbuch der «Très riches heures» des Herzogs von Berry an, das etwa zehn Jahre nach dem Trentiner Zyklus von den Brüdern Limbourg gemalt worden ist.

Das Vorhandensein so vieler Neuerungen, die dann in einem Schlüsselwerk der europäischen Malerei wie den «Très riches heures» wiederaufgenommen werden sollten, erweckt viele Fragen bezüglich der kulturellen Herkunft und der Quellen des Malers, der die Monatsbilder in Trient geschaffen hat.

Viele Elemente und Vergleiche sprechen dafür, dass es sich um einen Künstler böhmischer Herkunft handeln könnte – wenn auch nicht unbedingt um den «Meister Wenzel», der im Buch der Malerzunft in St. Anton am Arlberg als Hofmaler des Bischofs von Trient angeführt wird. Der vor 1407 ausgeführte Bilderzyklus ist in der Tat sehr viel moderner als die Fresken, die 1415 in der Friedhofskapelle von Riffian bei Meran von einem gewissen Meister Wenzel ausgeführt und signiert worden sind. Entweder waren also damals im Südtiroler Raum zwei Maler namens Wenzel tätig (ob dieser Name in übrigen tatsächlich auf eine böhmische Abstammung schliessen lässt, kann nur durch eine namenskundliche Untersuchung bestätigt werden), oder aber der Schöpfer der Monatsbilder trug einen anderen Namen. Ob er nun Wenzel hiess oder nicht: er dürfte tatsächlich aus Böhmen stammen. Denn die eigenartig dargestellte Landschaft, die ohne räumliche Tiefe steil wie ein Bildteppich ansteigt, und die sehr originell wiedergegebenen Berge, die – vor allem im Monat Juli – als Felsblöcke in reizvoll irrealen Farben (rosa, hellgrün, ocker) auftreten, erinnern an die böhmische Miniaturmalerei, die im letzten Jahrzehnt des 14. Jahrhunderts am Hof von König Wenzel eine Blütezeit erlebte. Aus diesem Kreis stammt die berühmte, mehrbändige «Wenzelsbibel», die der König um 1395 von mehreren Miniaturmalern hatte ausschmücken lassen und die sich heute in der Österreichischen Nationalbibliothek in Wien befindet. Auch kleine Details scheinen die Annahme von einer böhmischen Herkunft des Malers zu bekräftigen: Wie auf vielen Miniaturen der Wenzelsbibel bestehen auch die auf den Trentiner Fresken dargestellten Mauern des öfteren aus grossen Steinen, die aus der verputzten Oberfläche vorspringen und einen unregelmässigen Rustikaeffekt bewirken (z.B. an der Burg auf dem Julibild, an der Turmruine im August, an der Stadtmauer im November und Dezember). Und auch die in Trient anzutreffenden Schemata bei der Darstellung von Dörfern, Städten und Burgen weisen Parallelen zu den böhmischen Miniaturmalereien auf, von der Willehalm-Illustration (Wien) bis zur böhmischen Kosmaschronik (Prag, Nationalmuseum). Aber der Schöpfer der Monatsbilder zeigt nicht nur Anklänge an die böhmische Kultur. Sein Werk wird von einer «Grenzkultur» par excellence getragen, und auf seinen Fresken sind Elemente unterschiedlicher Herkunft zu erkennen – vor allem aus Norditalien. Georg von Liechtenstein besass, wie schon erwähnt, in seiner Bibliothek ein lombardisches «Tacuinum Sanitatis», das sich heute in der Bibliothek in Wien befindet. Aber im damaligen Südtirol war wahrscheinlich noch ein zweites Exemplar dieses Werks in Umlauf (heute in der Pariser Nationalbibliothek): Viridis Visconti hatte es bei ihrer Heirat mit Leopold von Österreich in die Ehe mitgebracht, und es war vielleicht eine Zeitlang auf Schloss Tirol bei Meran aufbewahrt worden. Und auf vielen Fresken im Adlerturm sind lombardische Elemente anzutreffen: der in seiner Werkstätte tätige Schmied im unteren Teil des Februarbildes, das Rübenfeld im September, die wunderschöne Weinpresse im Oktober, das Obstbaumspalier im August. Die naturkundliche Präzision, mit der in Trient Obstbäume, Pflanzen, Blumen, Bauern bei der Ernte und einzelne Geräte dargestellt sind, dürfte zweifellos auf das Vorbild der «Tacuina» zurückzuführen sein – wie im übrigen auch das aufmerksame Interesse bei der Beschreibung der klimatischen Merkmale. Andererseits aber sind in Trient Elemente vorhanden, die – wie die noch unsichere, archaische Raumdarstellung, die auffallenden Inkohärenzen in der Grössenordnung der Personen und der Dinge sowie die Behandlung der Innenräume (z.B. die unsichere Raumuntergliederung in der Schmiedewerkstätte auf dem Februarbild) – ausschliessen, dass es sich beim Maler der Monatsbilder um einen lombardischen oder allgemein um einen italienischen Künstler gehandelt haben könnte.

Aber da bleibt eine allgemeinere Frage offen: Welche Vorbilder mögen den Bischof veranlasst haben, den Auftrag zu einem derartigen Bilderzyklus zu geben, zu dieser grossartigen Pleinairmalerei in einem Innenraum, zu diesem wahren Epos auf das höfische Leben, auf dem die Monate nicht durch einzelne Personen oder Tätigkeiten symbolisiert werden, sondern durch das Zusammenwirken von Adeligen und Bauern? Das Bestreben, in einem geschlossenen Raum Landschaften und Szenen aus dem Freien darzustellen und damit gleichermassen die Wände zu durchbrechen und einen dunklen Innenraum in eine paradiesische Vision zu verwandeln, reicht weit in die Vergangenheit zurück: Man braucht nur an das Haus der Livia auf dem Palatin zu denken. Im Laufe des 14. Jahrhunderts hatte diese Tendenz einen neuen, kräftigen Aufschwung erfahren. Im Papstpalast in Avignon sind die Wände des päpstlichen Gemachs mit gemaltem Reben- und Rankenwerk bedeckt, das bis zur Decke reicht, während im benachbarten Ankleideraum (1343) Jagd- und Fischereiszenen miteinander abwechseln. Zwar sind nur noch wenige Beispiele davon erhalten – aber der Sinn für bemalte Zimmer war damals äusserst verbreitet, in Frankreich ebenso wie in Italien und in Deutschland. In Wien, wo Georg von Liechtenstein herstammte, ist kürzlich ein Beispiel dieser Art ans Tageslicht gekommen, und in den Südtiroler Burgen und Schlössern sind von Runkelstein bis Lichtenberg viele Pleinairmalereien mit Darstellungen höfischen Lebens wie Jagd-, Spiel- und Tanzszenen anzutreffen. Diese Zyklen, die die Natur zu Schauplatz und Rahmen haben, lehnen sich oft an Ritterromane und andere literarische Vorlagen an. Auf Schloss Runkelstein sind in einem Saal Szenen aus der Tristan- und der Garel-Sage dargestellt, während der kürzlich in Wien entdeckte Zyklus von

den Werken Neidharts, eines höfischen Dichters des 14. Jahrhunderts, angeregt worden ist. Und auch in Trient fehlt es nicht an literarischen Anspielungen (z.B. auf dem Maibild die nicht gut erkenntliche Szene vom Kampf eines Ritters mit einem Löwen zwischen den Zweigen eines Rosenstrauchs oder der Zauberbrunnen im oberen Freskenteil). Themen und Sujets, die sich auf das höfisch-ritterliche Leben, auf die Arbeiten im Laufe der Monate und die Bauern- und Schäferwelt beziehen, findet man oft auf den Wandteppichen, die in den Inventaren von Karl V. von Frankreich oder vom burgundischen Herzog Philipp dem Kühnen verzeichnet sind. Wie schon gesagt, besass auch der Bischof Georg im Schloss mehrere französische Gobelins, die ihm aber von Friedrich von Österreich abgenommen wurden. Und sie könnten den Maler der Monatsbilder ebenso angeregt haben wie die lombardischen Miniaturen.
Schliesslich dürfte sich der Schöpfer des Freskenzyklus im Adlerturm bei der Ausarbeitung der einzelnen Szenen stark an Skizzenbüchern inspiriert haben, die gegen Ende des 14. Jahrhunderts sehr verbreitet waren und von denen bis heute noch einige Exemplare erhalten sind (z.B. das Buch von Jacques Daliwe, heute in Berlin, oder das Skizzenbuch im Museum in Braunschweig). Auf den Seiten dieser Bücher findet man einzelne Details, Gesichter, Faltenwürfe, Szenen, Landschaften und Figuren, die unterschiedlichen Kompositionen entnommen worden sind. Die Verwendung derartiger Vorbilder macht gewisse Zusammenhanglosigkeiten verständlich, die hier und da in den Monatsbildern auftreten: Manchmal sind Personen, die in derselben Szene erscheinen, wie isoliert dargestellt, und einige Szenen wirken uneinheitlich. Auf dem Januarbild zum Beispiel ragt das die Sze-

ne beherrschende Schloss Stenico in einer verschneiten Landschaft auf, aber auf den Dächern und Mauern des Schlosses ist keine Spur von Schnee zu sehen: Dies ein Beispiel dafür, wie zwei Elemente unterschiedlicher Herkunft, die vielleicht zu verschiedenen Zeitpunkten beobachtet worden sind, in dieselbe Szene aufgenommen werden können.
Der Meister der Monatsbilder benutzt Skizzenbücher und andere Vorlagen, er lässt sich thematisch von einem mit Miniaturen ausgeschmückten Lehrbuch anregen oder von einem französischen Gobelin, er bedient sich der Darstellungsschemata, die auf seine ursprüngliche Kultur zurückzuführen sind. Darüber hinaus aber zeigt er eine scharfe Beobachtungsgabe für die ihn umgebende Umwelt. Bei dem Schloss auf dem Januarbild handelt es sich – wie gesagt – um das Schloss Stenico, das sich damals im Besitz des Bischofs befand, der es auch hatte restaurieren und erweitern lassen, und das Bild vermittelt uns einen klaren Nachweis von den verschiedenen Bauphasen. Auch die Arbeitsgeräte und die Bauernhütten sind direkt der Wirklichkeit abgesehen worden – was die holzschindelgedeckten Dächer auf der Almszene im Juni beweisen oder der Bauer, der auf dem Julibild neben einem Amboss sitzt und die Sense dengelt. Der Amboss steht dabei auf einem Holzstock, und da die Sense nicht vom Stiel gelöst worden ist, bedarf es für diese Arbeitsweise eines besonderen Gestells. Diese Methode war jahrhundertelang in Südtirol üblich gewesen, wo der Schöpfer der Monatsbilder sie direkt beobachtet und auf den Fresken abgebildet hatte – was auch für viele andere bäuerliche Arbeitsgeräte gilt, die im Adlerturm dargestellt sind: Sensen, Sicheln, Rechen, Heugabeln, Eggen, Pflüge und Leiterwagen, bis hin zu den hölzernen Wetzstein-

behältern, die die Bauern auf dem Julibild an der Hüfte tragen.

Charakteristisch für den Trentiner Bilderzyklus ist auch die Tendenz zur Ver-
flechtung des Lebens und der Tätigkeiten der beiden sozialen Schichten, des
Adels und der Bauern, ohne dass die
Bauern dabei ironisch oder polemisch
dargestellt oder lächerlich gemacht würden. Sie sind an der Kleidung und am
Gesichtsausdruck zu erkennen, werden
aber ohne satirische Absicht abgebildet.
Die beiden Welten leben harmonisch zusammen, in einem geordneten Kosmos,
in dem die Jahreszeiten und die Monate
ohne Riss und Bruch aufeinanderfolgen.
Diese Verherrlichung der höfischen Gesellschaft kontrastiert wie ein schöner,
idealisierter Wunschtraum mit der har-
ten Realität, die zur Regierungszeit des
Bischofs Georg herrschte. In den ersten
Jahren des 15. Jahrhunderts war es in
den Tälern zu Tumulten gekommen, die
in der Plünderung und Zerstörung der
Burgen gipfelten, von denen herab die
Untertanen kontrolliert wurden, und
mit dem Aufstand der Bevölkerung von
Trient gingen endgültig die neofeudali-
stischen Illusionen und die Unabhängig-
keitsträume zu Ende, denen sich das
geistliche Oberhaupt hingegeben hatte.
Im Rahmen der Malerei der internationalen Gotik, deren Zentren die grossen
europäischen Höfe wie Paris und Prag,
Dijon, Bourges und Mailand waren, nehmen die Trentiner Monatsbilder, die Bischof Georg von Liechtenstein in seiner
kleinen Hauptstadt in den Alpen hat
ausführen lassen, einen erstrangigen
Platz ein. Dieses stilistisch sehr frührei-
fe Werk bleibt bis heute ein auch auf
europäischer Ebene bedeutendes, gros-
sartiges Zeugnis für diese Glanzzeit der
höfischen Kultur in einer Alpengegend,
in der diese um 1400 entstandene internationale Kunst einen ihrer Höhepunk-
te finden und die am längsten von ihr

geprägt werden sollte; denn der Feudal-
besitz war hier äusserst zerstückelt, die
zentralisierenden Organisationen mach-
ten damals gerade eine Krise durch, und
in den Städten hatte sich noch kein Bür-
gertum herausgebildet. Die Feudalität
glaubte an ein neues goldenes Zeitalter,
sie hoffte auf die Erneuerung früheren
Glanzes. Doch sie stand auf zu schwa-
chen Beinen, und die Träume von
Selbstbestimmung und Unabhängigkeit
scheiterten bald an der nüchternen, an-
dersgearteten Realität.
Im Fall des Bischofs Georg kann dieser
Zeitpunkt anhand eines Graffitos be-
stimmt werden, das bezeichnenderweise
in den Putz eines der neuen Fresken ein-
geritzt worden ist und hämisch vom
Machtverlust und der Gefangennahme
des Bischofs durch Herzog Friedrich
von Österreich berichtet: «1407 die Sabati 1... Fedrigo de Ostarich in Trento.../ me... e ave la segnoria e l
vescovo».
Von den Malereien im Adlerturm, zu denen Bischof Georg von Liechtenstein
den Auftrag gegeben hatte, sind ausser
den Monatsfresken weitere Fragmente
und Zeugnisse im ersten und dritten
Stock des Turms sowie in dem kleinen
Turm erhalten, der sich auf halbem We-
ge des überdachten Verbindungsgangs
zum Schloss hin erhebt. Hier ist eine
schöne Holzdecke im spätgotischen Stil
erhalten, die zur Regierungszeit des Bischofs angelegt worden ist; die Jagdszenen des 16. Jahrhunderts an den Wänden folgen wahrscheinlich stilistisch
wie thematisch dem Vorbild einer älteren Dekoration.
Im eigentlichen Adlerturm sind im ersten Stock die hölzerne Trommel der
Wendeltreppe mit gotischen Profilierun-
gen und die Kassettendecke erhalten, deren derzeitige malerische Ausschmük-
kung gänzlich auf die Zeit des Kardinals Bernhard von Cles zurückgeht. Im

dritten Stock dagegen, der zu Lebzeiten
des Kardinals von Grund auf umstruk-
turiert worden war, sind noch beträchtli-
che Spuren der früheren Dekoration erhalten, die sich über alle Wände hinge-
zogen haben dürfte. Auf einem Bild ist
eine lückenhafte, aber doch teilweise erkenntliche Szene zu sehen: Zwei Damen und ein Kavalier sind in einer Fel-
senlandschaft dargestellt, daneben zwei
Bauern, von denen einer kniend Obst
anbietet, während der andere etwas in
einem Gebüsch pflückt. Auf der Nach-
barwand befindet sich ein von zinnengekrönten Mauern umgebenes Schloss,
das Nicolò Rasmo als Darstellung des
Schlosses Buonconsiglio vor den durch
Georg von Liechtenstein vorgenommenen Umbauten gedeutet hat. Mit einem
raffinierten illusionären Effekt hat der
Maler das Bauwerk in der Perspektive
abgebildet, die sich vom Turm aus bie-
tet. Da das Schloss hier so dargestellt
ist, wie es vor den von Bischof Georg
durchgeführten und 1404 abgeschlosse-
nen Bauarbeiten ausgesehen hatte, ist
die Vermutung ausgesprochen worden,
dass die Fresken vor diesem Zeitpunkt
ausgeführt worden sein könnten. Auf einer dritten Wand befindet sich ein Frag-
ment einer weiblichen Figur, von der
nur noch ein Teil des Faltenwurfs erhalten ist. Diese Freskenreste veranlassen
zu der Annahme, dass in diesem Raum
höfisch-ritterliche Freizeitbeschäftigungen dargestellt waren, denen sich der
Adel hier am Schloss hingegeben hatte.
Der Raum im zweiten Stock des Adlerturms, wo der lange, überdachte Gang
vom Schloss her endete und an dessen
Wänden sich die Monatsbilder ausdeh-
nen, ist gute fünfeinhalb Meter hoch,
knapp acht Meter lang und sechs Meter
breit, und er bekommt an den beiden
kurzen Seiten (Osten und Westen)
durch zwei Fenster Licht.
Die vier Wände weisen im oberen Teil

Malereien auf, die die einzelnen Monate erläutern und die in 2,26 Meter Höhe beginnen. Der Bilderzyklus fängt an der Ostwand mit Januar und Februar an (der März, der sich an der Treppenwand befunden hatte, ist verlorengegangen) und setzt sich an der Südwand mit den Monaten April, Mai und Juni fort; an der Westwand folgen Juli und August und an der Nordwand schliesslich September, Oktober, November und Dezember. Die hölzerne Decke besteht aus vier grossen Balken, die in Nord-Süd-Richtung verlaufen, und aus etwa zehn kleinen Balken in Ost-West-Richtung.

In einigen Fällen kommt es zwischen den vorgetäuschten gewundenen Säulen, durch die die einzelnen Szenen voneinander getrennt werden, und den Balken zu raffinierten Entsprechungen. Unter den Monatsbildern zieht sich ein sehr lückenhafter pseudoarchitektonischer Fries hin, eine Art breiter Rahmen, wo lange architektonische Spiegel durch nur noch bruchstückhaft erhaltene Paneele und Medaillons unterbrochen werden, die menschliche Köpfe, Wappen und Pflanzenmotive aufweisen. Besser sind die Einfassungen der beiden Fenster erhalten: Akanthusblätter auf rotem Grund werden hier von Augen unterbrochen, die Büsten und Wappen einrahmen und dabei eine starke Tiefenwirkung erreichen.

Heute ist dagegen nicht mehr festzustellen, was für eine Dekoration der hohe Sockel unter dem pseudoarchitektonischen Rahmen aufwies; denn die heute sichtbaren weiss-roten, gefälteten Vorhänge sind zur Zeit von Kardinal Bernhard von Cles auf eine neue Putzschicht aufgemalt worden, als die Freskenverzierung des Saals – wie schon erwähnt – unfassenden Restaurierungen unterzogen wurde. Durch diese von Marcello Fogolino vorgenommenen Erneuerungen wurden die ursprünglichen Malereien stark verändert: Gesichter und Gewänder der Personen, Bauwerke, Landschaftsdetails und Pflanzen wurden überarbeitet, die Deckenbalken wurden mit dem Cles'schen Kardinalswappen übersät, das Blau des Himmels und die Namen der Monate (unten) und der Sternzeichen (oben) wurden stark aufgefrischt, und die gemalten Sonnen über jedem Monatsbild wurden durch bemalten Stuck ersetzt.

Diese Restaurierungen hatten sich im 16. Jahrhundert als notwendig erwiesen, da der vom Bischof Georg beauftragte Maler die Monatsbilder zwar in guter Freskentechnik ausgeführt, seine Kompositionen aber an vielen Stellen in Temperamalerei beendet und aufgefrischt hatte. Und diese mit Temperafarben gemalten Teile verschwanden als erste, sowohl aufgrund der eingetretenen Schwärzungen als auch wegen der zu radikalen Reinigungen, denen sie unterzogen wurden.

In der Folgezeit wurden die Malereien dann besonders im 19. und im frühen 20. Jahrhundert stark in Mitleidenschaft gezogen, als das Schloss als Kaserne diente. Das Mai- und das Oktoberbild wiesen breite Risse auf, die Farbe war an etlichen Stellen abgebröckelt, der Putz war durch angelehnte Leitern und Balken beschädigt worden, und ausserdem waren die Bilder durch viele Übermalungen so stark beeinträchtigt worden, dass sie im Laufe unseres Jahrhunderts zwei Restaurierungen unterzogen wurden. Die erste Restaurierung wurde unmittelbar nach dem Anschluss von Trient an Italien vorgenommen, als am Schloss in den zwanziger Jahren unter der Leitung von Giuseppe Gerola umfassende denkmalpflegerische Eingriffe durchgeführt wurden. Die zweite, von der Stiftung Ercole Varzi geförderte und finanzierte Restaurierung wurde 1978 durch Leonetto Tintori ausgeführt (s. die Anmerkungen des Restaurators in: E. Castelnuovo, *I Mesi di Trento*, Trento, 1986, S. 256 - 264).

Im Jahr 1960 war unter der Leitung des damaligen Denkmalpflegers Nicolò Rasmo der fragmentarische Freskenzyklus im dritten Stock des Turms restauriert worden, der sicher auch dem Maler der Monatsbilder zuzuschreiben ist, aber – soweit aus den Resten hervorgeht – frei von Übermalungen des 16. Jahrhunderts ist.

## The Cycle of the Months in the Aquila Tower in Trento

The Aquila Gate stands in the thirteenth century walls that surround the town of Trento, next to Buonconsiglio Castle. The Valsugana road starts from here and the gate probably gets its name from the fact that the road led to Aquileia.

According to a 1290 manuscript, originally there was a simple defence tower above the gate which was open on the side facing the town. The tower was radically altered at the end of the 14th century when Bishop George of Liechtenstein had it turned into a place he could live in. He had it connected to Buonconsiglio Castle, the traditional residence of the Trento Bishops, by a long covered passageway that ran along the top of the town walls.

This meant the prelate took possession of the gate and part of the town walls and deprived the citizens of their legitimate right to them. The citizens considered the bishop's action illegal and it must have caused a great deal of discontent. In fact, when the bishop's power was brought to an end by a people's uprising in April 1407 and by the intervention of Frederick IV, Duke of Austria and Count of the Tyrol, the tower was immediately restored to the Trentinis in one of the first acts issued by the Duke. The act states in detail that, «the tower of the Aquila Gate in the town of Trento, previously under the bishop's control, must remain forever in the hands and under the control of the citizens of Trento as far as the small tower which stands between the tower in question and Buonconsiglio Castle. The citizens have the right to break the curtain wall and seal the passageway so that the Aquila tower cannot be reached from the small tower».

In actual fact George of Liechtenstein's actions sealed the destiny of the tower.

From this time onward it was considered to be an integral part of the castle as is shown by the inventories and descriptions made over the years. The prelate's intervention was not confined to the reconstruction of the building alone but also included its decoration. What remains of this today makes it one of the most important and significant monuments of international Court style. George of Liechtenstein was one of the leaders of that cultural era. He came to the episcopal seat of Trento after having been parish priest of Saint Stephen's in Vienna. That is to say he was in the highest position of religious authority in a rapidly developing city that had recently become the centre of Hapsburg power. He was the descendant of a very rich aristocratic family that had large properties in Moravia and Austria. He expressed his taste as a buyer and collector in many ways right from the time arrived in Trento in March 1391. Among the artistic work he commissioned there still remains a number of beautiful embroideries made to decorate religious vestments (Trento, Diocesan Museum), some elaborate jewellry, a monstrance in a complex architectural design with three cusps (Trento, Diocesan Museum) and a splendid astylar cross (Flavon, Parish Church). The list of furnishings, vestments and vessels, that were sequestrated by Frederick IV, and the list of some books from the bishop's library, which were also seized by the Tyrolean Count, are evidence that he was a generous patron of the arts, a book-lover and an enthusiastic collector. We do not know what French tapestries he had in the castle but we know they were very valuable because the list refers to «many tapestries made in France costing one thousand ducats». We also know that among the illuminated books there was a splendid example of the «Tacuinum Sanitatis», which is one of those extraordinary illustrated encyclopedias on hygiene and health based on an ancient Arab text which was produced in the court of the Visconti family towards the end of the 14th century. As an inscription states this volume, that had originally belonged to George of Liechtenstein, was seized by Frederick of Austria and is now in the Austrian National Library in Vienna. All the works that still exist and our knowledge of the items that have been lost, which has been gained from records of purchases and commissions by the bishop, are enough to place him among the great patrons of the era around 1400. However what puts him in a truly unique position among these patrons is the cycle of paintings decorating the room on the second floor of the Aquila Tower.

On the walls of this room are a continuous series of pictures in which aristocratic and popular subjects are skillfully combined to illustrate the months of the year. There are eleven scenes all together (the one illustrating March, which must have been on the wall of the spiral staircase in the south-east corner of the room, was lost when the staircase was destroyed) each of which is dedicated to the pastimes and activities of a particular month. The scenes are divided by tall slender spiral columns that were meant to give the impression of a light architectural structure, a kind of loggia opening on all sides onto a landscape that is continually changing.

The cycle must have been painted in fresco with extensive work in tempera around 1400. It was radically restored around 1535 when the painter Marcello Fogolino repainted large parts of it for Cardinal Bernardo Cles.

The sixteenth century alterations, which

involved the repainting of a considerable number of faces and clothes and large areas of the landscape, make it extremely difficult, in many cases, to distinguish the original painting. Nevertheless, in the details where it is still integral, it reveals a high standard of execution and a considerable ingenuity in the solutions adopted. The cycle was done before 1407, that is before the bishop was imprisoned and then sent away from Trento. The fact that, the Liechtenstein arms in vertically split gold and red can be seen in the January scene and in the window frame on the east wall suggests that it is most unlikely that the bishop had it done after the revolt when he only stayed in Trento occasionally. Furthermore there is a graffito on a wall in the room on the third floor that records the bishop's imprisonment in April 1407. This decoration, which is only partly preserved today, was done by the same hand that did the cycle of the months.

The thing that chiefly distinguishes the cycle in modern terms is the extraordinary extent of its landscape which, month after month, marks the course and changing of the seasons. The passing year is shown by the position of the sun in a different zodiacal sign at the top each scene, by the occupations of the aristocracy and peasants and by the changes in the vegetation. A courtly snowball fight is followed by a tournament, courtship scenes and various hunting scenes. The work in the fields, applicable to each month, ploughing, sowing, haymaking, reaping, turnip harvesting, grape-picking and tree-felling, winds through the landscape that is first covered by snow and then shows the first spring flowers and buds followed by espalier trees loaded with fruit, fields and meadows. Long grass is followed by ripe wheat, vineyards full of grapes,

trees shedding their leaves and vines turning from green to red.

The sequence of the seasons is emphasized by the continuity of the various features of the countryside: hills, mountains, groups of huts, castles and rivers flowing from one month to another, from November to December to January, giving the impression of a continuous and unchangeable cycle. The unfolding of the countryside scenes and uninterrupted continuation brings to mind some passages of fourteenth century literature in which the changes in nature are carefully observed. Examples can be found in the sonnets that Folgore of San Giminiano had dedicated to the months at the beginning of the 1300's or, later, the slow passage of time in an English poem «Sir Gawayn and the Grene Knight» at the end of the 1300's. The picture of the changing countryside and its inevitable repetition, in the latter text, is particularly close to the Trento cycle. Although Bishop George of Liechtenstein certainly did not know the poem it is worth quoting a passage from it because it shows how the changeable apspect of nature interested the whole of Europe towards the end of the 1300's:
«Then the world's fresh weather fights with winter:
The cold shrinks into the ground, clouds rise;
Warm rain shuttles down in flashing showers
Over the flatlands; flowers poke up, Fields and groves put on their freshest green;
Birds start building – they call out loudly
For the calm of summer that spreads its balm on valleys and slopes.
Rich hawthorn-blossoms swell
And burst in rows; in the copse
New bird-sounds run, pell-mell,
In the glorious full tree-tops.

And then broad summer, when balmy winds
Out of the west breathe on bush and seed,
And plants under a wide sky dance in joy;
When dewdrops wobble down wet leaves
As they bask in the sumptuous beams of the bright sun.
Then autumn, with sombre shadows striding towards
Winter, warning the grain to grow to fullness.
On dry days he drives the rising dust Up from the face of the folds, where it spirals high.
In the huge heavens, winds wrestle with the sun;
Tawny leaves are ripped from the linden tree
And lush grass in the field leans over, and greys.
Whatever rose up early now ripens and rots;
The year dwindles, all days are yesterdays.
Winter winds on as it will – as it has done of old.»
(«Sir Gawayn and the Grene Knight» vv. 505 - 530)
There is no wind or rain in the Trento cycle but, for the first time in the history of western painting, we find a landscape with snow (the month of January where the hunters sink up to their knees in the snow and a group of lords and ladies are throwing snowballs). We also find the first clouds smudging the blue sky (January), the changing vegetation and the leaves of the trees on the ground (November and December). On the other hand we find a successful mingling of activities by various groups where farm work blends with the pastimes of the nobility without there ever being, however, a tendency to caricature

in the representation of the peasants. All these features and many others, such as the dominating presence of the bishop's castle (Stenico Castle) in the month of January, are a prelude to Duc de Berry's famous book of hours «Très-Riches-Heures» painted by the de Limbourg brothers about ten years after the Trento cycle.

The presence of so many innovations, that will be repeated in such an important work for European painting as «Très-Riches-Heures», raises many questions about the culture of the artist of the Trento Cycle and its source.

It has been suggested that he was Bohemian and there are many signs and similarities to prove this might be so. This does not necessarily mean, however, that he was master Wenceslaus who, according to the book of the confraternity of painters of Sankt Anton am Arlberg, was a painter for the bishop of Trento. Actually the cycle of the months, painted before 1407, seems to be more advanced than the frescoes signed by master Wenceslaus in 1415 in the chapel in the Riffian cemetry near Merano. Therefore either two different painters called Wenceslaus (a name that seems to suggest a Bohemian origin though this could only be confirmed by onomastic research) worked in south Tyrol during those years or the painter of the Months had a totally different name.

Whether he was called Wenceslaus or not he was probably Bohemian. The peculiarity of his landscapes, rising steeply like tapestries with very little spatial depth, and the unusual mountains represented in the form of large rock splinters in refined unrealistic colours: pink, pale green and ochre (which can be seen particularly in the month of July) reminds one of Bohemian miniatures of the last decade of the 1300's

which flourished around the court of King Wenceslaus. These miniatures decorate the famous «Wenzelsbibel», a Bible in many volumes that the king had had illustrated by a group of illuminators round about 1395 and which today is kept in the Austrian National Library in Vienna. Even minute details seem to confirm this origin. For instance, a feature common to the Trento frescoes and many miniatures in the Wenceslaus Bible can be found in the walls with large stones that seem to jut out from the plastered surface creating an irregular ashlar effect. This is repeated several times in the buildings in the Trento frescoes, for example in the castle in the month of July, in the ruined tower in the month of August and in the town walls in the months of November and December. The method used to depict the villages, towns and castles is also comparable or similar to the Bohemian miniatures, from the Willehalm illustrations (Vienna) to those of the Bohemian Cronicle by Cosmas (Prague, National Museum).

Despite this the culture of the artist of the Months is not only Bohemian. It could, above all, be defined as a border culture since there are many suggestions of this in his work, in particular the influence of Northern Italy.

As already mentioned George of Liechtenstein had an example of the «Tacuinum Sanitatis» in his library. This is now in the Vienna Library. Another example of it probably existed at that time in southern Tyrol and that is the one – now in the National Library in Paris – that Viridis Visconti had given to her husband Leopold of Austria and it may have been kept for some time in the Tyrol Castle near Merano. The Lombard elements are present in many scenes of the Months in Trento. In the figure of the blacksmith working in his

shop at the bottom of the month of February, in the turnip field in the month of September, in the splendid wine-press in the month of August. The naturalistic care taken in depicting the fruit trees, plants, flowers, peasants intent on picking them and the individual tools in the Months seems unquestionably to come from a lesson in the Tacuina, as does the attention given to defining the climatic features. Nevertheless the uncertain, steep and still archaic way of representing space in the Trento Months, the considerable inconsistencies in the size of the figures and objects and the way the interior scenes are represented (for example the uncertain spatial organization of the blacksmith's workshop in the month of February) exclude the possibility that the painter of the Months was a Lombard or even an Italian.

There remains a more general question to be solved: what examples did the person who commissioned the work have in mind when he decided to order a cycle of this kind? What persuaded him that the room needed a large «en plein air» representation, an authentic epic of courtly life where the months are represented not by isolated figures or activities but by an extraordinary group of aristocrats and peasants? It should be said that the custom of painting a room with open air scenes and landscapes, as though attempting to get rid of the walls, or changing the dark interior into a view of Paradise, goes back a long way. The house of Livia on Palatino is a good example. During the 14th century this idea was widely introduced and became exceedingly popular. In the Popes' Palace in Avignon all the walls of the Pope's room are painted with vine branches and racemes climbing up to the ceiling whereas in the adjoining linen-room there is an uninterrupted number of hunting and fishing scenes (1343).

Although few examples still exist, the custom of painting rooms was extremely widespread in France, Italy and Germany. In Vienna, for instance, the city where George of Liechtenstein came from, an example has recently come to light. The south Tyrolean castles too, from Runkelstein to Lichtenberg, are full of open air scenes representing courtly life, hunting, games and dancing. At times, where the natural scenery dominates these cycles, they are inspired by literary texts, or tales of chivalry. Episodes from the story of Tristan and Garel are depicted in a room in Runkelstein Castle, whilst the pictorial cycle, recently found in Vienna, is inspired by the Neidhart lyrics, written by a court poet in the 13th century. The Trento cycle is not lacking in literary references either. For example, in the month of May the episode (hardly visible) showing a knight fighting a lion among the rose bushes or the magic fountain at the top of the fresco. Subjects from court life, work throughout the year and the peasants and shepherds' world occur frequently in the tapestries mentioned in the inventories of Charles V of France or Philip the Bold of Burgundy. Bishop George had, as we have said, a collection of French tapestries in his castle that were stolen from him by Frederick of Austria. It is easy to imagine that these tapestries, like the Lombard miniatures, were a source of inspiration for the painter of the Months.

Another source of the artist's figurative culture must have been the sketchbooks that were circulating at the end of the 1300's. He must have used these a great deal to elaborate the various scenes. These sketchbooks contained isolated details of faces, figures, draperies, scenes, landscapes and parts of various compositions. Some of them are still preserved today such as Jacques Daliwe's book in Berlin or the sketchbook in the Braunschweig Museum. The use of such material explains the apparent incoherence of certain combinations, the singularity of certain characters taking part in the same action and the inconsistent look of certain scenes in the cycle of the Months. An example of how two images taken from different sources, or studied at different times, may be placed side by side in the same picture is shown in the month of January. In this month Stenico Castle dominates the snow covered landscape but there is no trace of snow on the roof or walls of the castle.

Despite the fact that he used sketchbooks and other material or took ideas from the illustrated pages of a Lombard manuscript or the subjects of a French tapestry and made use of representative schemes from the culture he grew up in, the artist of the Months shows a precise and consistent talent for observing the reality of life around him. As already mentioned, the castle in the month of January is Stenico Castle owned by the bishop who had Had it restored and extended. There is an accurate record in the painting of the various stages of construction of the castle. The peasants implements and huts were also studied on the spot and the wooden tiles on the roof of the mountain hut in the month of June and the peasant sitting beside an anvil and straightening the edge of a scythe in the month of July are evidence of this. The method of hammering a scythe on an anvil fixed onto a wooden block, which means that the scythe is not taken to pieces and so the handle needs support, was used in preference to other methods for centuries in the Tyrol. It is therefore obvious that this scene is the fruit of careful observation as are many other images of agricultural tools and equipment such as scythes, sickles, rakes, pitchforks, harrows, ploughs, carts with ribbed sides and even the wooden sheaths to carry the whetstone for grinding that the peasants are wearing in the month of July.

Another feature peculiar to the Trento cycle is the combination of the life and activities of two social groups, the peasants and aristocrats. There is no sign of a controversial attitude towards the rural world which is unmistakingly portrayed in the peasants' expressions and clothes but is not intended to be satirical in any way. The two worlds live together in harmony in an orderly universe where the seasons and months follow one another without any clashes or divisions. This eulogy is a kind of imaginary and desired reflection of court life which conflicts with the raw reality of events during Bishop George's rule. The beginning of the 1400's was, in fact, characterized by numerous uprisings in the valleys which led to the sacking and destruction of the castles under whose sway the peasants rebelled. The climax was reached when a revolt broke out in Trento bringing to an end the prelate's neofeudal illusions and dreams of independence.

In the realm of international Gothic painting that developed in the great courts of Europe, from Paris to Prague, from Dijon to Bourges and Milan, the cycle of the Trento Months, created in George of Liechtenstein's small alpine capital, occupies a foremost position, greatly in advance of its time. It is a splendid record, of European standing and significance, of a climax in the final stage of the life and culture of the court. Owing to the breaking up of the feuds, the crisis that the central powers were going through and the smallness of the bourgeois groups in the towns, this alpine area became one of the places where cosmopolitan art flourished around 1400 and where it left its mark longer. It is a record of a moment when the feudal lords, whose power had been severely limited, believed they would be able to revive a new golden era of ancient pomp and splendour. The time to face the truth, however, soon came about and all illusions on autonomy or dreams of independence came to an end.

In Bishop George's case the moment was dramatically and graphically recorded by a vindictive graffito drawn on the plaster of one of the newest frescoes on the third floor of the Aquila Tower: 1407 die Sabati 1... Federigo di Ostarich in Trento... / me... e ave la segnoria e 1 vescovo.

Apart from the frescoes in the room of the Months there are some remains of other decorations commissioned by George of Liechtenstein for the Aquila Tower. These are on the first and third floors of the tower and in the small tower halfway along the covered wall walk joining the tower to the castle. Here there is a fine wooden ceiling in late-Gothic style made during the bishop's time and the sixteenth century paintings of hunting scenes decorating the walls probably trace the composition and subjects of an earlier decoration.

On the first floor of Aquila Tower the wooden tambour around the spiral staircase with Gothic beading and the lacunar ceiling still exist, although the present decoration was done during Cardinal Bernardo Cles's time. The third floor instead was completely altered during the cardinal's time. However there are still some important traces of the old decorations that must have covered all the walls. On one of these walls

there is a scene, full of gaps but still partly visible, of an aristicratic group of ladies and a knight in a mountain landscape and two peasants, one kneeling down and offering fruit, the other busy picking something from a bush. On the adjoining wall there is a castle with a battlemented curtain wall which Nicolò Rasmo identified as Buonconsiglio Castle before the additions made by George of Liechtenstein. Here the painter has cleverly drawn the castle exactly as it looked from the tower. It is reasonable to presume that since the castle is represented as it was before Bishop George's alterations, that were completed in 1404, the frescoes were done before this date.

On the third wall there are fragments of a female figure of which only a part of the drapery remains. This suggests that court pastimes taking place in the castle may have been depicted in this room. The room on the second floor of the Aquila Tower, which led onto the covered wall walk to the Castle and where the walls are covered with the sequence of the Months, is just over five and half metres high and just under eight metres long and six metres wide. It is lighted by two windows, one on the east side and the other on the west. The upper part of the four walls are decorated, starting at a height of two metres above the floor and twenty-six metres above ground level, with frescoes illustrating the various months of the year. The cycle begins on the east wall with January and February. March is missing because it was painted on the stair wall. The cycle continues on the southern wall with the months of April, May and June, followed by July and August on the western wall. The cycle ends on the northern wall with September, October, November and December. The ceiling is made of small wooden beams resting on

four large beams placed in a southerly direction and about ten small beams running in an east-west direction. In some cases the mock spiral columns, dividing one scene from another, and the beams nicely coincide.

Below the frescoes of the Months a pseudo-architectural frieze with a lot of gaps in it runs round the walls. This makes a kind of wide sill where long oblong panels are intersected with tiles and medallions (only a few of which remain today) with human heads, emblems and plant motifs in them. The borders around the windows are better preserved and have a pattern of acanthus leaves on a red background divided by tondos framing busts and coats of arms and giving a marked illusion of depth.

We do not know exactly how the decoration continued under the pseudo-architectural sill because the red and white flounced curtain, that can be seen today, was painted on new plaster in Cardinal Cles's time when the decorations in the room were largely redone, as has already been stated.

The restorations, done by Marcello Fogolino, altered the appearance of the decorations considerably. He retouched some of the faces and clothes of the characters and the buildings, landscapes and vegetation. He dotted the ceiling beams with the Cardinal's emblems. He made the blue sky more intense and touched up the inscriptions with the names of the months (at the bottom) and the zodiacal signs (at the top). He also replaced the original images of the sun at the top of each month with a painted stucco.

The reason why the sixteenth century restorations were so extensive was because, although Bishop George's artist had painted the cycle of the Months in good fresco, he had made very wide use of tempera to complete and touch up his compositions. The parts painted in tempera were the first to disappear because they became dark and then they were cleaned too thoroughly.

Later the paintings were either lost or they deteriorated, especially during the 1800's and early 1900's when the castle was used as a barracks. Large cracks appeared especially in the months of May and October and the colour came away here and there. The plaster was damaged when ladders and beams were stacked against the walls and the painted surface was extensively damaged by repainting.

During this century the cycle of the Months has been restored twice. The first time when important restoration work was carried out on the castle under the supervision of Giuseppe Gerola in the twenties and thirties immediately after Trento became Italian. The second time in 1978 when the restoration, promoted and financed by the Ercole Varzi Foundation, was carried out by Leonetto Tintori (notes by the restorer are given in E. Castelnuovo, *I Mesi di Trento,* 1986, pp. 256 - 264). In 1960 the recovery and cleaning of the remains of the frescoes on the third floor of the tower were completed under the supervision of Nicolò Rasmo. These frescoes were certainly done by the same artist who painted the Months and the little that remains of them shows no signs of having been repainted in the sixteenth century.

## Le cycle des mois
## de Torre Aquila à Trento

La porte Aquila, toute proche du Château du Buonconsiglio, s'ouvre dans les fortifications du XIII<sup>e</sup>-siècle qui entourent la ville. De là, part la route de la Valsugana et la porte doit probablement son nom a l'antique voie qui menait à Aquileia.

Surmontée à l'origine d'une simple tour de défense ouverte vers la ville, comme le témoigne un document datant de 1290, la tour fut par la suite profondément modifiée, vers la fin du XIV<sup>e</sup>-siècle, quand l'évêque Georges de Liechtenstein la transforma cn une véritable et riche demeure, communiquant avec le Château du Buonconsiglio, résidence traditionnelle des évêques de Trento, à travers le passage couvert qui passait sur les murs.

C'est ainsi que le prélat s'annexa une partie des murs et la porte, en en privant les citadins auxquels ils revenaient de droit. Le fait fut ressenti comme une véritable usurpation; si bien que, lorsqu-'une émeute populaire et l'intervention même du duc d'Autriche et comte du Tyrol Frédéric IV mirent fin, en avril 1407, au pouvoir de l'évêque, un des premiers actes du duc fut la restitution immédiate du donjon au contrôle des Trentins.

Le texte précise, en outre, que «la tour de la porte Aquila de la ville de Trento, antérieurement sous contrôle de l'évêque, doit pour toujours rester aux mains des habitants de Trento et en leur pouvoir jusqu'à la petite tour médiane située entre le donjon et le Château du Buonconsiglio; et qu'il soit permis aux Trentins de briser le mur d'enceinte et d'obstruer le passage de manière à empêcher toute communication entre la tourelle et la tour de l'Aquila».

La décision de Georges de Liechtenstein marqua en réalité le destin de la tour, qui à partir de cette époque-là fut considérée, comme le prouvent les inventaires et les descriptions, partie intégrante du château.

L'intervention du prélat ne s'était pas limitée à la seule restructuration de l'édifice, elle s'était étendue également à la décoration. Ce qui a pu en être sauvé représente, par son importance, un des plus significatifs exemplaires de la peinture du gothique international.

Georges de Liechtenstein fut un des grands protagonistes de cette saison culturelle. Promu au siège épiscopal de Trento après avoir été prévôt de St. Etienne à Vienne, à savoir la plus haute autorité religieuse d'une ville en plein développement, devenue peu après l'épicentre de la puissance hasbourgeoise. Il était le descendant d'une très riche famille aristocratique qui avait de vastes possessions en Moravie et en Autriche et son goût de commanditaire et de collectionneur s'exprima de façon éclectique dès son arrivée à Trento en mars 1391. De ses commandes artistiques, il nous reste toute une série de splendides broderies destinées à décorer les parements religieux (Trento, musée diocésain) et quelques ouvrages d'orfèvrerie finement travaillés: un hostensoir à la structure complexe à trois cuspides (Trento, musée diocésain) ainsi qu'une splendide croix de procession (Flavon, église paroissiale). La liste des objets, bibelots, parements, que Frédéric IV séquestra, ainsi qu'un certain nombre d'oeuvres d'art de sa bibliothèque, qui devinrent propriété du comte du Tyrol, témoignent de son goût de mécène, collectionneur et bibliophile. On ignore quels furent les tapisseries françaises qu'il conservait en son château, mais nous en connaissons la grande valeur car la liste fait allusion aux «nombreuses pièces de tapisseries tissues en France pour une valeur de mille ducats». Quant aux livres enluminés il suffit de mentionner un splendide exemplaire du «Tacuinum

Sanitatis», l'une de ces extraordinaires encyclopédies illustrée au sujet hygiénico-sanitaire, se basant sur un antique texte arabe et qui, à la fin du XIV<sup>e</sup>-siècle, étaient lues à la cour des Visconti. Le volume, comme l'atteste une inscription, avait appartenu à Georges de Liechtenstein, avant que Frédéric d'Autriche ne jetât son dévolu dessus: à présent le volume se trouve à la Bibliothèque nationale de Vienne. Les oeuvres encore existantes sans compter celles qui furent perdues témoignent des activités et du rôle de l'évêque et permettraient déjà de voir en lui un des grands «patrons» des premières années du XV<sup>e</sup>-siècle, mais ce qui le singularise le plus par rapport aux autres, c'est d'avoir doté d'un cycle de fresques la salle du second étage de la Tour de l'Aquila. Une série ininterrompue d'images se succèdent sur les murs, illustrant, à travers un savant tissage de thèmes d'inspiration à la fois noble et populaire, les différents mois de l'année. Il s'agit de onze scènes (l'une d'elles, illustrant le mois de Mars et qui devait décorer la cloison de l'escalier en colimaçon de l'angle sud-est, a disparu lors de la démolition de l'escalier). Chaque scène est consacrée aux passe-temps et aux travaux s'étendant sur un mois, le cadre, formé de hautes colonnes torses, devait suggérer l'existence d'une légère structure architectonique, une sorte de loggia ouverte de chaque côté sur un paysage en continuelle transformation.

Le cycle peint à la fresques, dénote une large utilisation de la détrempe et a dû être réalisé autour de 1400. Il a été soumis à une radicale restauration comportant parfois de complètes reconstitutions de la parte de Marcello Fogolino vers 1535, sur ordre du cardinal Bernardo Cles.

Les restaurations du XVI<sup>e</sup>-siècle, particulièrement visibles sur les visages des personnages et sur leurs vêtements ainsi que dans le paysage, rendent plus ardue la lecture du texte primitif. Toutefois, dans les détails et là où il est intégralement conservé, il révèle un très haut niveau d'exécution et une extrême précocité dans le choix des solutions. Le cycle fut réalisé, en effet, avant 1407, c'est à dire avant l'emprisonnement de l'évêque et son départ forcé de Trento. Le cycle reporte en outre les armoiries des Liechtenstein coupées d'or et de gueules (visible dans la scène de Janvier et dans l'encadrement de la fenêtre sur la cloison est). Il semble bien difficile de soutenir que l'évêque l'ait fait exécuter après l'émeute, alors qu'il ne séjournait que sporadiquement à Trento. En outre, la cloison nue de la salle du troisième étage, dont la décoration est conservée à l'état fragmentaire, révèle l'empreinte du maître qui réalisa le cycle des Mois et un dessin rappelle l'emprisonnement de l'évêque en avril 1407.

L'élément qui, de nos jours, donne une réelle dimension moderne au tableau est l'extraordinaire extension du paysage qui, mois après mois, scande dans un rythme cyclique continue, la succession et le changement des saisons.

L'évolution de l'année est marquée tout en haut, au-dessus de chaque scène, par une représentation du soleil situé chaque fois dans un signe du zodiaque, par les occupations des nobles et des paysans, et par l'aspect changeant de la végétation. Un tournoi succède à une courtoise bataille de boules de neige; suivent des scènes d'une cour d'amour et diverses scènes de chasse. Les travaux des champs y sont représentés dans leurs différentes phases, propres à chaque mois, comme le labourage, les semailles, la fenaison, la moisson, la récolte des raves, les vendanges, la coupe des arbres, Ils se déroulent dans un paysage, tout d'abord recouvert d'un manteau de neige, et qui,

se précisant peu à peu sous la poussée des premières fleurs et des bourgeons, se déploie enfin en un riche tableau où se succédent des arbres en espaliers, chargés de fruits, des champs et des prés. A l'herbe haute succède le blé mûr, aux vignobles chargés de grappes, les arbres perdant leurs feuilles et la vigne qui se colore en rouge.

La succession des saisons est soulignée par des éléments de continuité -tels que les collines, les montagnes, les groupes de cabanes, les châteaux et les fleurs- qui s'écoulent au fil des mois de Novembre à Décembre, de Décembre à Janvier et ainsi de suite, pareils à un anneau ininterrompu et immuable. Face à ce déroulement de paysages et à leur succession ininterrompue, la mémoire évoque des textes littéraires du XIV$^e$-siècle, attentifs à la nature et à ses mutations, tels que les sonnets que Folgore da San Gimignano avait consacrés aux mois dès le début du XIV$^e$-siècle ou, un peu plus tard, le lent écoulement du temps dans un poème anglais de la fin du XIV$^e$-siècle «Sir Gawain et le Chevalier Vert». Ce dernier texte, de par l'évocation de la mutation du paysage et de son inéluctable retour est le plus proche du Cycle de Trento. Même si ce texte n'était certainement pas connu de l'évêque Georges de Liechtenstein, il convient d'en citer un passage, significatif témoignage de l'intérêt suscité par le visage changeant de la nature dans l'Europe entière, à la fin du XIV$^e$-siècle:

«Puis le Temps du monde combat l'hiver/
le froid plonge dans le sol, les nuées s'élancent/
la pluie d'argent descend en chaudes averses/
elle ruisselle sur les prés où les fleurs naissent/
la terre et les buissons s'habillent de vert/

les oiseaux diligents font leur nid, ils chantent à la gloire/
du doux été, réjouis de sa venue/
sur les collines/ et les bourgeons se gonflent/
sur les haies luxuriantes/
Nombre de nobles chants/
résonnent dans le splendide bois/
Puis l'été avec ses vents légers/
quand le zéphir souffle sur les semences et les plantes/
heureuse est la plante qui pousse/
quand de ses feuilles humides elle distille la rosée
et attend un rayon de soleil béni/
mais voici que se hâte l'automne qui bientôt l'adoucit/
la veut mûre parce-que l'hiver est proche/
avec la sécheresse il soulève haut la poussière/
qui va voler sur la face de ce monde/
Le vent rageur venu du ciel lutte contre le soleil/
les feuilles tombent des arbres et se posent à terre/
et l'herbe verte se teinte de gris:
tout ce qui avait poussé mûrit et pourrit./
Ainsi disparaît l'an en une suite d'hiers/
Et revient l'hiver, c'est la loi du monde...»
(«Sir Gawayn and the Grene Knight») (vv. 505-530)

Les vents et les pluies sont absents du cycle de Trento, mais, pour la première fois dans l'histoire de la peinture occidentale, nous trouvons un paysage enneigé (le mois de janvier qui voit les chasseurs s'enfoncer dans la neige jusqu'à mi-jambes, tandis qu'un groupe de seigneurs se livre à une bataille de neige); et nous voyons également les premiers nuages qui commencent à offusquer le ciel pur (toujours en janvier); la végétation change et les feuilles des arbres se posent à terre (novembre et décembre).

Nous observons d'autre part, un heureux mélange des activités propres aux différents groupes, les travaux agricoles se mêlant aux distractions des nobles, sans que l'on puisse dénoter une quelconque intention caricaturale au regard des paysans et de leur représentation. Tous ces éléments et d'autres encore, comme la présence dominante du château du commanditaire (le château de Stenico) au mois de janvier) annoncent le célèbre calendrier des «Très Riches Heures» du Duc de Berry peintes par les frères de Limbourg, une dizaine d'années après le cycle de Trento.

En présence de tant d'innovations – qui seront reprises ensuite dans une oeuvre-clé de la peinture européenne comme les «Très-Riches-Heures», on est en droit de se poser nombre de questions sur la culture du maître des Mois de Trento et sur ses sources.

On a tout d'abord pensé qu'il pouvait être originaire de Bohème, de nombreux éléments et confrontations pourraient accréditer cette thèse, même s'il ne s'agit pas nécessairement du maître Venceslas qui, dans le livre de la confraternité des peintres de Sankt Anton am Arlberg, semble bien avoir été un peintre de l'évêque de Trento.

En effet, le cycle des Mois exécuté avant 1407 semble beaucoup plus récent que les fresques signées par un certain maître Venceslas à Riffian, près de Merano. Par conséquent, ou deux différents peintres de nom Venceslas (un nom qui trahit une origine bohémienne – ce qui devrait être nécessairement confirmé par une enquête onomastique) oeuvrèrent au cours de ces années-là dans le Tyrol méridional, ou bien le peintre des Mois ne portait pas ce nom. Qu'il se nommât ou non Venceslas, son origine est probablement bohémienne. La toute particulière représentation de ses paysages, en pente raide comme dans des tapisseries,

avec de faibles perspectives, et les montagnes représentées d'une manière toute singulière, en forme d'éperons rocheux aux teintes raffinées, presque irréelles: rose, vert pâle, ocre (en particulier les mois de Juillet), rappelle les miniatures de Bohème des dix dernières années du XIVe-siècle. Ce genre de miniature fleurit à la Cour du roi Wenceslas et décore la célèbre «Wenzelsbibel», la Bible en nombreux volumes que le roi avait fait illustrer par une équipe de miniaturistes aux environs de 1395 et qui se trouve aujourd'hui à la Bibliothèque nationale autrichienne, à Vienne. De menus détails qui semblent attester cette origine ont été recueillis: c'est un thème qui revient souvent dans les fresques de Trento là où sont représentés des motifs architecturaux: à savoir des murs construits en grosses pierres saillant sur la surface polie, de manière à créer à la surface l'effet irrégulier du bossage (on en trouve des exemples à Trento, dans le château du mois de Juillet, dans la tour en ruine du mois d'Août, dans l'enceinte citadine des mois de Novembre et de Décembre); on le retrouve aussi en beaucoup de miniatures de la Bible de Wenceslas. Plus généralement, les formules utilisés à Trento pour représenter les bourgs, les villes, les châteaux peuvent être comparés aux miniatures de Bohème, des illustrations du *Willehalm* (Vienne) et de celles de la *chronique de Bohème* de Cosmas (Prague, Musée national). Cependant la culture du maître n'est pas seulement tchèque; elle pourrait être définie par excellence: culture de frontière, si l'on considère les nombreuses suggestions qu'on peut repérer dans son oeuvre et qui peuvent être documentées. Surtout en ce qui concerne l'Italie septentrionale.

Il a déjà été dit plus haut que Georges de Liechtenstein possédait dans sa bibliothèque un exemplaire de «Tacui-

num Sanitatis» lombard, celui qui se trouve actuellement à la bibliothèque de Vienne. Un autre exemplaire de cet ouvrage existait probablement, à cette époque, dans le Tyrol méridional et il s'agissait de celui (aujourd'hui à la Bibliothèque nationale de Paris) que Viridis Visconti avait apporté en don à son mari, Leopold d'Autriche et qui, peut-être, fut conservé quelque temps à Castel Tirolo, près de Merano. Or les éléments lombards sont présents dans un grand nombre de fresques de Trento: la figure du forgeron à l'oeuvre dans son atelier, représentée sur la partie inférieure du mois de Février; le champs de raves qui figure dans le mois de septembre, le splendide pressoir à vin dans le mois d'octobre; les espaliers plantés d'arbres fruitiers du mois d'août. L'attitude naturaliste qui se dégage de la représentation des arbres fruitiers, des plantes, des fleurs, des paysans attentifs à les cueillir, les divers outils, tout comme l'attention portée aux caractéristiques climatiques, ne peuvent que rappeler la leçon des Tacuina. Par ailleurs, la manière hésitante, raide, et encore archaïque de représenter l'espace des Mois trentins, les évidentes incohérences dans l'échelle des personnages, des choses, et dans la représentation des intérieurs (par exemple l'organisation de l'espace de l'atelier du forgeron, dans le mois de février) excluent que le peintre des Mois puisse être un lombard ou, plus généralement, un italien. Mais une question plus générale se pose à l'esprit. Quels peuvent être les modèles qui ont poussé le commanditaire à commander un cycle de ce genre; une grandiose représentation «en plein air» à l'intérieur d'une salle, une authentique épopée de la vie seigneuriale qui verrait la représentation des Mois, exprimée non pas à travers des personages ou des activités isolées, mais en une extraordinaire action scénique à laquelle participent aristocrates et paysans? Il va sans dire que la tendance à représenter en milieu clos des paysages et des scènes de plein air, comme si on voulait annuler les cloisons et transformer un intérieur obscur en une vision du Paradis, remonte à une époque très ancienne: il suffit de songer à la maison de Livia sur le Mont Palatin.

Au cours du XIVe-siècle, le phénomène répparaît dans toute son ampleur et sa vigueur. Dans le Palais des Papes à Avignon, les murs de la chambre du Pape sont tous décorés de sarments et de racèmes qui s'élancent jusqu'au plafond, tandis que dans la chambre contiguë de la Garderobe (1343), des épisodes de chasse et de pêche se succèdent sans interruption. Même s'il en reste peu d'exemplaires de nos jours, les chambres ornées de peintures traduisent un goût largement diffusé en France, en Italie et en Allemagne. A Vienne justement la ville d'origine de Georges de Liechtenstein, on en a découvert tout récemment un exemplaire, tandis que dans les châteaux du Tyrol méridional, de Runkelstein à Lichtenberg, abondent les scènes de plein air mêlées aux épisodes de la vie courtoise: la chasse, les jeux, les danses.

Parfois ces cycles où domine le cadre naturel s'inspirent de textes littéraires, de romans chevaleresques. Des épisodes de la vie de Tristan et de Garel sont représentés dans une salle du château de Runkelstein tandis que un cycle pictural retrouvé récemment à Vienne est inspiré des lyriques de Neidhart, poète courtois du XIIIe-siècle, et les citations littéraires ne manquent pas dans le cycle de Trento (voir par exemple dans le mois de mai, l'épisode difficilement lisible de la lutte d'un chevalier contre un lion entre les arbustes de la roseraie ou bien encore la fontaine magique dans la partie supérieure de la fresque).

Thèmes et sujets empruntés à la vie chevaleresque, aux travaux des différents mois, au monde des paysans et aux bergers se retrouvent fréquemment dans les tapisseries énumérées dans les inventaires de Charles V ou de Philippe le Hardi, duc de Bourgogne. L'évêque Georges de Liechtenstein possédait dans son château, une collection de tapisseries françaises qui lui furent dérobées par Frédéric d'Autriche et qui représentaient sans doute, tout comme les miniatures lombardes, une source inspiratrice pour le peintre des Mois.

Enfin, dernière composante de la culture figurative du maître des Mois, à laquelle il eut largement recours dans l'élaboration des différentes scènes, fut l'usage des carnets de croquis et de modèles. La circulation de ces recueils de notes picturales dont les pages reportaient des détails isolés: visages, draperies, scènes, paysages, figures, tirés de diverses compositions, est documentée à la fin du XIVe-siècle grâce à quelques exemplaires qui ont été conservés (comme le «livre de Jaques Daliwe», aujourd'hui à Berlin ou encore le carnet du Musée de Braunschweig).

L'usage de ces répertoires explique, dans le cycle des mois, l'apparente incohérence de certains assemblages, l'isolement de certains personnages participant à la même action, le manque d'unité de certains scènes. Dans le mois de Janvier, par exemple, l'image du château de Stenico qui domine la scène, s'insère dans un paysage enneigé, sans qu'il y ait, toutefois, de traces de neiges sur les toits ou sur les murs du château. Cet exemple démontre clairement comment deux images de différente provenance ou étudiées à des moments différents peuvent être rapprochées dans une seule et unique scène. Cependant, tout en utilisant des carnets et des répertoires d'images, en puisant des suggestions

dans les pages enluminées d'un manuscrit lombard ou dans les thèmes exposés dans une tapisserie française, en se servant de schémas figuratifs remontant à sa culture d'origine, le maître des Mois révèle un don de l'observation constant et précis de la réalité environnante. Le château du mois de janvier est, comme il a été dit plus haut, le château de Stenico, possession de l'évêque, restauré et agrandi par ses soins et les diverses phases de la construction du château sont minutiensement témoignes par la peinture. En effet, même les outils et les cabanes des paysans sont étudiées directement, comme le prouvent les tuiles de bois de l'alpage de Juin, ou encore le paysan assis auprès de l'enclume, en train de redresser le fil de sa faux dans le Mois de Juillet. La manière d'affûter la faux à foin -avec l'enclume plantée sur un socle sans démonter la faux, laquelle a besoin, par conséquent, d'un support spécial pour le manche- a été employée des siècles durant dans le Tyrol. Il s'agit là, évidemment, dur résultat d'une observation précise de la réalité, comme le témoignent aussi d'autres images d'outils et d'instruments agricoles, tels que les faux, faucilles, râteaux, fourches, herses, charrues, chars aux bords fourchus, jusqu'aux étuis de bois contenant les pierres à aiguiser que les paysans portent sur le côté pendant le mois de juillet. Un autre aspect caractérise le cycle trentin: le mélange, dans la vie et dans leur activités, des deux groupes sociaux, paysans et nobles, Sans la moindre trace d'attitudes polémiques de la part des maîtres envers le monde paysan, lequel est caractérisé dans ses habits et dans ses expressions, mais, semble-t-il, sans intentions satiriques. Les deux mondes cohabitent harmonieusement, dans un cosmos ordonné où saisons et mois se succèdent sans heurts, ni lacérations. Une telle apologie de la société courtoise s'oppose, comme une projection imaginaire et convoitée, à la réalité toute crue du gouvernement de l'évêque Georges, marqué, au début du XVᵉ-siècle par des révoltes paysannes dans les vallées, révoltes qui atteignirent leur paroxysme avec le pillage et la destruction des châteaux d'où partait tout contrôle, et avec l'insurrection citadine de Trento qui entérina l'écroulement définitif des illusions néo-féodales et des rêves d'indépendance nourris par le prélat.

Dans le cadre de la peinture gothique internationale – qui a et a eu ses principaux centres auprès des grandes Cours européennes, de Paris à Prague, de Dijon à Bourges et à Milan – le cycle trentin des Mois, réalisé dans la petite capitale alpestre de l'évêque Georges de Liechtenstein, occupe une place de premier plan et de grande précocité. Ce cycle demeure un témoignage splendide, en s'élevant à un rang et à une signification européenne, d'un moment extrême de la culture courtoise dans cette aire alpine. En raison de la fragmentation des fiefs, de la crise traversée par les organisations centralisatrices, de l'exiguïté des formations bourgeoises de la ville, elle fut une terre d'élection de l'art cosmopolite qui s'épanouit dès le début du XVᵉ-siècle, une des régions qui en porta le plus longtemps l'empreinte. Tout cela à une époque où les forces féodales affaiblies crurent connaître un nouvel âge d'or en faisant revivre les anciens fastes.

Cependant, l'heure de la vérité ne tarda pas à arriver: elle sonna le glas des illusions d'autonomie, des rêves d'indépendance.

En ce qui concerne l'évêque Georges, ce moment fut dramatiquement matérialisé par un graffiti emblématique et revendicatif gravé au troisième étage de la tour de l'Aquila, sur l'enduit même des nouvelles fresques: «1407 die sabati 1...

Fedrigo de Ostarich in Trento.../me... e ave la segnoria e 1 'l vescovo».

Outre les fresques de la chambre des Mois, il nous est resté de la décoration commandée par l'évêque Georges de Liechtenstein pour la tour de l'Aquila, des fragments et quelques témoignages au premier et au troisième étage de la tour dans la tourelle médiane qui se trouve à mi-chemin du passage couvert reliant la tour au château.

Là, on trouve un beau plafond en bois gothique tardif réalisé au temps de l'évêque et il est probable que les peintures du XVIᵉ-siècle, figurant des scènes de chasse et qui ornent les murs, suivent à la fois le modèle et les thèmes d'une plus ancienne tradition.

Pour la tour proprement dite, on trouve au premier étage le tambour de bois de l'escalier en colimaçon au profil gothique et le plafond en caissons, dont l'actuelle décoration remonte entièrement à l'époque du cardinal Bernardo Cles. Le troisième étage, complètement restructuré at temps du cardinal, présente d'importantes traces de l'ancienne décoration qui devait recouvrir totalement les parois. On peut distinguer une scène qui, certes, ne manque pas de lacunes, mais dont la partie visible représente un groupe de nobles composé de deux dames et un chevalier dans un paysage de rochers d'où se détachent deux paysans. L'un à genoux, offre des fruits l'autre, attentif, est en train de cueillir quelque chose dans un buisson. Sur la paroi voisine, on distingue un château entouré d'une enceinte crénelée que Nicolò Rasmo identifia dans le château du Buonconsiglio avant l'oeuvre de réfection entreprise par l'évêque Georges de Liechtenstein.

Maîtrisant une technique parfaite d'illusioniste, il semble que le peintre ait voulu représenter le château exactement comme il devait être vu de la tour. Le fait que le château ait été représenté tel qu'il apparaissait avant les modifications voulues par Georges de Liechtenstein lesquelles furent terminées en 1404, laisse supposer que les fresques soient antérieures à cette date. Sur une troisième paroi, enfin, on distingue les fragments d'une silhouette féminine dont une partie seulement du drapé a été conservé. Ces vestiges permettent de penser que, dans cette chambre, étaient représentés des passe-temps courtois qui se déroulaient à l'extérieur du château. Le long passage couvert qui part du château et débouche dans la salle du second étage de la tour de l'Aquila sur les murs de laquelle se déroule la séquence des Mois. La pièce ne dépasse guère cinq mètres de haut, elle a un peu moins de huit mètres de long et six mètres de large. Elle n'est éclairée que par deux fenêtres percées dans les deux brefs murs latéraux.

Les quatre parois sont décorés dans leur partie supérieure et à partir d'une hauteur de deux mètres vingt-six au-dessus du plancher. Les motifs picturaux représentés illustrent les différents mois de l'année. Le cycle débute sur la cloison est, par Janvier et Février (Mars n'a pu être conservé car il était peint sur le mur de l'escalier) et continue sur le cloison sud par les Mois d'Avril, Mai et Juin; puis sur la partie ouest avec Juillet et Aôut, pour finir, au nord, par Septembre, Octobre, Novembre et Décembre. Le plafond est en bois, orné de soliveaux et repose sur quatre grandes poutres orientées Nord-Sud et sur une dizaine de poutrelles s'élançant dans la direction est-ouest.

Parfois, entre les colonnes torses feintes, séparant les scènes et les poutres, s'établissent des correspondances raffinées. Sous les images des Mois, court une frise pseudo-architecturale très incomplète, une sorte de large corniche dont les longues surfaces imitant le marbre sont interrompues par des caissons et des médaillons dont un petit nombre seulement a pu être conservé. Ils représentent des visages, des blasons et des motifs végétaux. Mieux conservé, l'encadrement des deux fenêtres qui comporte des motifs en feuilles d'acanthe sur fond rouge, interrompus par des oculi qui, avec un effet marqué de profondeur, encadrent bustes et blasons.

Il n'est guère possible, par contre, de préciser comment continuait la décoration de la haute plinthe sous la corniche pseudo-architecturale, car la draperie aux plis blancs et rouges, visible de nos jours, a été peinte sur un nouvel enduit au temps de Cardinal Bernardo Cles, lorsque la décoration de la salle dut être en grande partie restaurée. L'oeuvre de restauration confiée à Marcello Fogolino, modifia profondément l'aspect de la décoration, en intervenant à la fois sur les visages et les habits des personnages, les édifices, les paysages et la végétation, éparpillant les armoiries du Cardinal sur les poutres du plafond, reconstruisant non sans lourdeur, l'azur du ciel, les inscriptions reportant le nom des mois (en bas) et les signes du zodiaque (en haut), et en substituant par du stuc peint les images originales du soleil au faîte de chaque mois.

L'extension de l'oeuvre de restauration au XVI$^e$-siècle est due au fait que le peintre de l'évêque Georges de Liechtenstein – tout en exécutant le cycle des Mois à la fresque – utilisa largement la détrempe pour achever et reprendre ses compositions picturales. Les parties réalisées «a tempera» furent les premières à disparaître sous l'effet conjugué du noircissement et des moyens, par trop efficaces, mis en oeuvre pour les nettoyer.

Pertes et détériorations de toutes sortes affligèrent par la suite ces peintures, en particulier au XIX$^e$-siècle et au début du XX$^e$-siècle, lorsque le château servit de caserne. De larges fissures affectant essentiellement les mois de Mai et d'Octobre, les chutes d'enduit peint, les dégâts causés par les poutres et les échelles, ainsi que le grand nombre de repeints ont endommagé une grande étendue de la surface peinte. Celle-ci subit deux restaurations successives au cours de ce siècle: la première, après le rattachement de Trento à l'Italie, lorsque -entre les années Vingt et les années Trente- un vaste programme de restauration fut entrepris sous la direction de Giuseppe Gerola; la seconde, promue et financée par la Fondation Ercole Varzi, eut lieu en 1978 par les soins de Leonetto Tintori (voir les annotations du restaurateur dans *I Mesi di Trento*, E. Castelnuovo, Trento 1986, p. 256 - 264). En 1960, c'est sous la direction de Nicolò Rasmo, que furent achevés les travaux de restauration et de rafraîchissement des fragments de ce cycle de fresques, situées au troisième étage de la tour. Elles sont certainement de la main du maître des Mois et ne subirent pas de retouches au XVI$^e$-siècle.

# I Mesi

## Gennaio
(m. 3,05×2,27)

L'intera scena si svolge in un paesaggio nevoso, la prima grande rappresentazione di questo tipo nella storia della pittura occidentale. In primo piano due gruppi aristocratici combattono una battaglia a palle di neve. La scena è dominata da un castello che è stato identificato in quello di Stenico ampliato e rinnovato proprio al tempo del vescovo Giorgio di Liechtenstein i cui colori sventolano sulle torrette della cortina muraria. Con estrema attenzione sono rese le differenze tra i diversi stili della costruzione. Le finestre crociate, chiuse da vetri, le feritoie in basso, la muratura del castello nuovo, differiscono dalle bifore strombate chiuse da scuri di legno e dal diverso apparecchio murario del castello vecchio. In secondo piano si situano due cacciatori che avanzano nella neve tenendo ciascuno due cani al guinzaglio.

Il bianco del paesaggio nevoso è rotto da bassi cespugli verso uno dei quali, entro cui si nasconde un tasso, si dirigono i cani di uno dei cacciatori, e da abeti sotto cui stanno alcune volpi.

## Januar
(3,05×2,27 m)

Die Szene spielt sich in einer verschneiten Landschaft ab, wobei es sich um die erste grosse Darstellung dieser Art in der Geschichte der abendländischen Malerei handelt. Im Vordergrund liefern sich Adelige in zwei Gruppen eine Schneeballschlacht. Die Szene wird von einem Schloss beherrscht, das als Schloss Stenico identifiziert worden ist; es war gerade zur Regierungszeit des Bischofs Georg von Liechtenstein, dessen Farben auf den Türmen flattern, erweitert und umgebaut worden. Die Unterschiede zwischen den einzelnen Baustilen sind mit äusserster Genauigkeit wiedergegeben. Die mit Glas verschlossenen Kreuzfenster, die Schiessscharten im unteren Teil und die Mauern des neuen Schlosses unterscheiden sich von den ausgeschmiegten zweibogigen Fenstern, die durch hölzerne Verschläge verschlossen werden, und den anders strukturierten Mauern des alten Schlossbaus. Im Hintergrund stapfen zwei Jäger, die je zwei Hunde an der Leine führen, durch tiefen Schnee.

Das Weiss der Winterlandschaft wird durch niedrige Büsche unterbrochen, auf die die Hunde zugehen, da sich in einem ein Dachs versteckt, und durch Tannen, unter denen einige Füchse zu sehen sind.

## January
(3,05×2,27 m)

The whole scene is set in a snow covered landscape, the first large representation of this kind in the history of western painting. In the foreground two aristocratic groups are having a snowball fight. The scene is dominated by a castle that has been indentified as Stenico Castle which was enlarged and renovated at the time of Bishop George of Liechtenstein whose colours are flying on the turrets of the curtain wall. The differences between the various styles of construction have been reproduced extemely carefully. The windows divided by a stone cross with glass panes, the loop-holes below them and the walls of the new castle differ from the splayed mullioned windows closed with wooden shutters and the structure of the old castle.

On the right there are two hunters coming through the snow each with two dogs on a lead. One of the hunter's dogs are making for a bush in which a badger is hiding. The whiteness of the snow-covered countryside is broken by the low bushes and the fir trees under which there are some foxes.

## Janvier
(3,05×2,27 m)

La scène se déroule tout entière dans un paysage de neige: il s'agit ici de la plus vaste représentation de ce type dans l'histoire de la peinture occidentale. Au premier plan, deux groupes de nobles se livrent à une bataille de neige. La scène est dominée par un château, certainement celui de Stenico, agrandi et rénové à l'époque de l'évêque Georges de Liechtenstein dont les couleurs flottent sur les tourelles de l'enceinte. Les divers styles de la construction sont reproduits avec grand soin. Les fenêtres croisées, closes par des vitres, les meurtrières en contrebas, toute la maçonnerie du nouveau château, diffèrent des géminées ébrasées aux volets de bois et de la structure muraire de l'ancien château. Au second plan, se trouvent deux chasseurs, tenant chacun un chien en laisse et marchant dans la neige.

Le paysage immaculé est interrompu çà et là par les sapins abritant des renards et par les taches sombres des buissons. L'un d'eux, vers lequel se dirigent les chiens, dissimule un blaireau.

**Febbraio**

(m. 1,70×2,22 con un'appendice a destra in basso di m. 1,35×0,38)

In alto una ventina di giovani donne (i cui volti sono molto ridipinti) sono affacciate agli spalti e alle finestre di una cortina muraria mentre sotto le mura si svolge un torneo che vede affrontarsi quattro cavalieri per parte. Paggi e servitori collaborano alla vestizione e raccolgono a terra i frammenti delle armi spezzate. In basso a destra la bottega di un fabbro, contrapposto plebeo al torneo che si svolge nella zona superiore e che è attività aristocratica per eccellenza.

La scelta del torneo per il mese di Febbraio è da mettere in rapporto con le giostre che, accanto ad altre feste, si svolgevano in carnevale. L'iconografia della scena, con le donzelle affacciate agli spalti è comune negli avori francesi del Trecento e appare simile in una sala del castello di Runkelstein (Castel Roncolo) presso Bolzano.

**Februar**

(1,70×2,22 m, mit rechts unten einem Fortsatz von 1,35×0.38 m Grösse)

Im oberen Teil schauen etwa zwanzig junge Frauen (deren Gesichter stark übermalt sind) vom Glacis und den Fenstern des Hauptturms einer Ringmauer herab einem Turnier zu, das vor der Mauer ausgetragen wird und bei dem sich je vier Ritter bekämpfen. Pagen und Dienstboten helfen den Rittern beim Ankleiden und sammeln die zebrochenen Waffen vom Boden auf. Unten rechts eine Schmiedewerkstätte – als «plebejischer» Kontrast zu dem Turnier, dieser aristokratischen Betätigung par excellence, die im oberen Bildteil ausgetragen wird. Dass gerade das Turnier als Thema für das Februarbild gewählt wurde, hängt mit den mittelalterlichen Lanzenrennen zusammen, die neben anderen Festen während des Karnevals stattfanden. Die Ikonographie dieses Bildes mit den vom Glacis herabschauenden jungen Frauen weist Ähnlichkeiten mit französischen Elfenbeinarbeiten des 14. Jahrhunderts auf, und sie gleicht auch einer Darstellung auf Schloss Runkelstein bei Bozen.

**February**

(1,70×2,22 m plus an addition at the bottom right of 1,35×0,38 m)

At the top there are about twenty young women (whose faces have been visibly repainted) watching a tournament going on below the curtain walls. Four knights are jousting against four others. Pages and servants are helping the knights to dress or are picking up the pieces of broken weapons that are on the ground. At the bottom on the right is a blacksmith's workshop, a plebeian antithesis to the tournament going on in the upper part of the painting which is chiefly an aristocratic activity.

The choice of a tournament for the month of February is related to the jousts and revelries that took place in carnival time. The picture of young women behind a parapet is often illustrated in the French tapestries of the 1300's and is similar to a decoration in the Runkelstein Castle near Bolzano.

**Février**

(1,70m ×2,22m avec un appendice en bas à droite de 1,35m×0,38m)

Une vingtaine de jeunes femmes (dont les visages ont été en grande partie repeints) assistent du haut de la courtine au déroulement d'un tournoi au cours duquel s'affrontent deux groupes de quatre chevaliers. Pages et serviteurs participent à la vêture et recueillent à terre les fragments d'armes brisées. En bas à droite une forge, contraste plébéien à la scène aristocratique du tournoi. Le choix du tournoi pour le mois de février fait allusion aux joutes, lesquelles, à l'instar d'autres jeux, caractérisaient les réjouissances du Carnaval. Les détails iconographiques de la scène, comme les donzelles à la courtine se retrouvent dans les ivoires français du XIV-siècle. La même scène se répète d'ailleurs dans le château de Runkelstein, près de Bolzano.

## Aprile
(m. 3,05 × 2,00)

## April
(3,05 × 2,00 m)

## April
(3,05 × 2,00 m)

## Avril
(3,05 m × 2 m)

È questo uno dei mesi in cui le rappresentazioni sono più variate. Nel tormentato e ripido paesaggio, che alterna boschi e rocce a prati e terreni arati si situano gruppi e personaggi intenti alle proprie occupazioni. In basso due contadini guidano un pesante aratro a ruote tirato da una coppia di buoi e da un cavallo. Il campo è limitato in alto da una cresta rocciosa dietro la quale sono due dame riccamente vestite che si dirigono verso destra per partecipare alla festa d'amore che si svolge nel vicino mese di Maggio. Una delle due si afferra con la mano alla colonna tortile che separa le rappresentazioni dei due mesi, suggerendo così una continuità tra le due scene. Più a sinistra la cresta rocciosa è coperta da un bosco cosparso di funghi dove un cane insegue una lepre. Su un pianoro della costa rocciosa due giovani dame si affaccendano entro un giardinetto cintato. Oltre la palizzata un contadino conduce un carro tirato da buoi mentre un altro lo segue portando un sacco sulle spalle. I due provengono da un mulino. Al di là di un prato e di una nuova balza rocciosa un altro campo cintato e già arato viene lavorato da un erpice tirato da un cavallo e seminato. Sulla sinistra un pellegrino vestito in bianco è seduto dinnanzi a un villaggio di case dai tetti di paglia. Più in alto ancora una foresta di abeti e un orso tra le rocce e gli scheggioni di pietra.

Dieser Monat weist sehr unterschiedliche Darstellungen auf. In der zerklüfteten, steilen Landschaft, in der Wälder und Felder mit Wiesen und Äckern abwechseln, gehen einzelne Personen und Personengruppen ihren Beschäftigungen nach. Im unteren Bildteil führen zwei Bauern einen schweren Radpflug, der von zwei Ochsen und einem Pferd gezogen wird. Das Feld wird oben von einem Felskamm begrenzt, hinter dem sich zwei reich gekleidete Damen nach rechts begeben, auf ein amouröses Fest zu, das im Nachbarmonat Mai stattfindet. Eine der beiden hält sich mit einer Hand an der gewundenen Säule, die die beiden Monatsbilder voneinander trennt, wodurch der Zusammenhang der beiden Szenen noch unterstrichen wird. Weiter links ist dieser Felskamm von einem Wald voller Pilze bedeckt, wo ein Hase von einem Hund verfolgt wird. Auf einem Felsabsatz sind zwei junge Damen in einem umzäunten Garten beschäftigt. Jenseits des Zauns führt ein Bauer einen Ochsenkarren, während ein anderer ihm mit einem Sack auf dem Rücken folgt. Die beiden kommen aus einer Mühle. Jenseits einer Wiese und eines neuerlichen Felsabsatzes wird ein umzäuntes und schon gepflügtes Feld mit einer Egge bearbeitet, die von einem Pferd gezogen wird, und besät. Links auf dem Bild sitzt ein weissgekleideter Pilger vor einem Dorf mit Strohdächern. Weiter oben sind noch ein Tannenwald und zwischen Felsen und Gesteinsblöcken ein Bär zu sehen.

This is one of the months with the greatest variety of representation. In the steep rugged landscape where woods and rocks alternate with meadows and ploughed fields there are groups and individuals busily engaged in their various occupations. At the bottom two peasanst are guiding a heavy wheeled plough drawn by two oxen and a horse. The field is bounded above by a mountain ridge behind which two richly dressed ladies are going towards the right to take part in the courting festivity being held in the nearby month of May. One of the ladies has her hand around the spiral column separating the two months which gives the idea that one scene runs into the next.
On the left the mountain ridge is covered by a wood dotted with mushrooms where a dog is chasing a hare. On a plateau in the mountain slope two young women are busy in a small fenced garden. On the other side of the fence a peasant is leading a cart pulled by oxen and behind this another peasant is carrying a sack over his shoulder. The two peasants are coming from the mill. Beyond a meadow and another rocky crag, in another fenced field, a horse is pulling a harrow across the ploughed earth and a peasant is scattering seeds. On the left a pilgrim dressed in white is sitting in front of a village with straw roof houses. Above this there is a forest of fir trees and a bear among the rocks.

C'est le mois qui possède le plus grande variété de scènes. Dans un paysage aux lignes sèches et tourmentées, bois et rochers s'alternent aux prés et aux champs labourés dans lesquels se détachent des personnages, seuls ou en groupes, absorbés dans leurs occupations. En contrebas, deux paysans conduisent une lourde charrue tirée par deux boeufs et un cheval. En haut, le champ est limité par une crête rocheuse derrière laquelle deux dames dans leurs plus beaux atours, se dirigent vers la partie droite pour se rendre à la fête d'amour qui va se dérouler dans le tout proche mois de mai. L'une d'elles s'appuie d'une main à la colonne torse qui sépare les deux mois, offrant ainsi une continuité visuelle entre les deux scènes. Plus à gauche, la crête rocheuse est couverte d'un bois parsemé de champignons où l'on voit un chien en train de poursuivre un lièvre. Sur un plateau de la côte rocheuse, deux jeunes dames s'activent dans un jardinet clôturé. Au-delà la palissade, un paysan conduit une charette tirée par des boeufs tandis qu'un autre le suit en portant un sac sur ses épaules. Ils viennent tous deux d'un moulin. Par-delà un pré et un nouvel escarpement, un autre champ clôturé et déjà labouré à la herse que tire un cheval, avant d'être ensemencé. Sur la gauche un pélerin vêtu de blanc est assis devant un village aux maisons couvertes d'un toit de paille. Au-dessus, encore une forêt de sapins et un ours entre les amas de pierres.

**Maggio**
(m. 3,05×2,04)

**Mai**
(3,05×2,04 m)

**May**
(3,05×2,04 m)

**Mai**
(3,05m×2,04m)

In basso un prato cosparso di fiori chiuso da una spalliera di rose. Sul prato, seduti, in piedi o inginocchiati, sono giovani aristocratici e dame, cinque coppie e un gruppo di due dame con un personaggio maschile più maturo. Entro il roseto si scorge un personaggio, quasi illeggibile per le cadute di colore, che minaccia con una lunga spada un leone che si avventa su di lui.
Nella parte superiore è rappresentata una città cinta da una cortina di mura, che ha al suo centro una bianca chiesa gotica. Un ponte di assi che attraversa un fossato porta ad un prato ai piedi della montagna dove due coppie siedono attorno a una tavola imbandita accanto a una fontana di marmo rosso da cui l'acqua fluisce attraverso una fenditura della spalletta. La scena, molto danneggiata da un movimento del muro è stata assai ridipinta nel restauro cinquecentesco.

Unten im Bild wird eine blühende Wiese von einem Rosenspalier begrenzt. Auf dieser Wiese stehen, sitzen und knien junge adelige Männer und Frauen, fünf Paare und zwei Damen in Gesellschaft eines älteren Mannes. Im Rosenstrauch erkennt man – wegen der abgefallenen Farben allerdings nur sehr undeutlich – eine Person, die einen sie angreifenden Löwen mit einem langen Schwert bedroht.
Im oberen Bildteil ist eine mauerumringte Stadt mit einer weissen gotischen Kirche im Ortszentrum dargestellt. Eine Holzbrücke führt über einen Graben zu einer Wiese am Fuss des Berges, wo zwei Paare an einem gedeckten Tisch sitzen, neben einem roten Marmorbrunnen, aus dem das Wasser durch einen Riss im Geländer abfliesst. Diese Szene, die durch eine Bewegung der Mauer stark beschädigt worden war, ist bei den Restaurierungen im 16. Jahrhundert erheblich übermalt worden.

The field covered with flowers at the bottom is surrounded by a rose trellis. Young noblemen and women are sitting, standing or kneeling in the field. There are five couples and one group of two ladies with an older man. A figure with a long sword, hardly visible because of loss of colour, can be seen in the rosary who is threatening a lion that is attacking him.
At the top a walled town is depicted with a white Gothic church in the middle of it. A bridge of planks crossing a ditch leads to a field at the foot of the mountains where two couples are sitting around a laid table near a red marble fountain. Water is running out through a crack in the side of the fountain. This scene, badly damaged by a movement of the wall, was largely repainted during the sixteenth century restorations.

En contrebas un pré parsemé de fleurs et clos par un espalier de roses. Sur le pré, debout ou à genoux, de jeunes nobles et des dames, cinq couples et un groupe de deux dames avec un personnage masculin plus agé. Dans la roseraie, on aperçoit un personnage, presque effacé et qui menace de sa longue épée un lion qui s'élance sur lui.
La partie supérieure représente une ville fortifiée avec, au centre, une église gothique blanche. Un pont de planches qui traverse le fossé mène à un pré couché au pied de la montagne. Là, deux couples sont assis autour d'une table dressée, près d'une fontaine de marbre rouge, d'où s'épanche, à travers une fissure de la margelle, un filet d'eau. La scène, très endommagée lors d'un glissement du mur, a été largement restaurée au XVI<sup>e</sup>-siècle.

**Giugno**
(m. 3,05 × 2,04)

**Juni**
(3,05 × 2,04 m)

**June**
(3,05 × 2,04 m)

**Juin**
(3,05m × 2,04m)

L'impaginazione dell'affresco è del tutto analoga a quella del vicino mese di Maggio e, come questa, ripartita in tre zone. In basso un giardino paradisiaco disseminato di gigli in fiore accoglie una danza in tondo di cinque coppie aristocratiche accompagnata da cinque musicanti. In alto a sinistra, come nel mese di Maggio, una città che un ponte tra due porte mette in comunicazione con un luogo alpestre. In luogo dell'aristocratico picnic del mese di Maggio si trova qui un pascolo alpestre con le mucche accovacciate e le pastore che mungono, trasportano il latte, lavorano il burro accanto a piccole malghe in legno coperte da tetti di scandole. Anche questo mese, come il precedente, presenta ampie ridipinture cinquecentesche, uno dei musici porta sulle vesti le armi del Cles e lo stesso cardinale, con le sue inconfondibili fattezze, è rappresentato in uno dei personaggi nel corteo.

Dieses Fresko weist in der Anlage starke Ähnlichkeiten mit dem Maibild auf, und es ist ebenfalls in drei Teile untergliedert. Unten im Bild tanzen fünf adelige Paare in einem von blühenden Lilien übersäten Paradiesgarten einen Reigen, zu dem fünf Musikanten aufspielen. Oben links wie auf dem Maibild eine Stadt, die durch eine Brücke zwischen zwei Toren mit einer Gebirgslandschaft verbunden ist. Statt des adeligen Picknicks aus dem Mai findet man hier eine Bergweide mit liegenden Kühen, während die Hirtinnen die Kühe melken, Milchkübel schleppen und neben kleinen hölzernen Almhütten mit Schindeldächern die Butter verarbeiten. Wie schon der Mai weist auch dieser Monat viele Übermalungen aus dem 16. Jahrhundert auf: Einer der Musikanten trägt auf seinem Gewand das Cles'sche Wappen, und eine der wandelnden Gestalten trägt die unverwechselbaren Züge des Kardinals.

The composition of the fresco is exactly the same as that of the month of May next to it and, like May, it is divided into three parts. At the bottom a circle of five aristocratic couples are dancing to the music of five musicians in a heavenly garden dotted with lilies in bloom. At the top on the left, there is a town with a bridge between two doors that leads to a mountain area. Here, instead of the aristocratic picnic in the month of May, there is a mountain pasture with cows lying down and milkmaids who are milking, carrying the milk and making butter beside small wooden huts with wooden roof tiles. This month, like the previous one, was largely repainted in the sixteenth century. One of the musicians has Cles's coat of arms on his clothes and the cardinal himself, with his unmistakeable features, is portrayed among the court figures.

La composition de cette fresque est tout à fait analogue à celle du mois de mai, à savoir qu'elle est divisée, elle aussi, en trois plans. En bas, dans un eden parsemé de lys en fleurs, cinq nobles couples dansent une ronde, accompagnés da cinq musiciens. En haut, dans la partie gauche, comme pour le mois de Mai; une ville, qu'un pont entre deux portes met en communication avec un coin alpestre. Au lieu de l'aristocratique pigue nique du mois de Mai, on trouve ici un pâturage alpestre avec des vaches blotties et des bergères en train de les traire. Celles-ci transportent ensuite le lait et font le beurre près des petites cabanes de bergers recouvertes de tuiles plates.
Ce mois, à l'égal du précédent doit beaucoup aux restaurations du XVIᵉ-siècle. Un des musiciens reporte sur ses habits les armes de Bernardo Cles; quant au Cardinal, il est aisément reconnaissable parmi ls personnages du cortège, grâce à ses traits si particuliers.

**Luglio**
(m. 3,05 × 3,00)

**Juli**
(3,05 × 3.00 m)

**July**
(3,05 × 3,00 m)

**Juillet**
(3,05m × 3,00m)

Le attività umili dominano nella rappresentazione di questo mese, la cui pittura originale è assai meglio conservata di quella dei vicini mesi di Maggio e di Giugno. La nota cortese è data in basso dall'offerta del falco alla dama e dall'elegante dimora rossa circondata da mura, con finestre vetrate, balconi fioriti e cicogne che nidificano sul tetto. A popolare la scena sono soprattutto i servi che trasportano i falchi, i pescatori nel lago al centro e, in alto, i contadini intenti a falciare e a rastrellare il fieno. Tutti gli strumenti agricoli, le falci fienaie, i rastrelli, i forconi a tre denti, gli astucci per portare la cote sono accuratamente descritti, così come le diverse occupazioni dei contadini, chi falcia, chi aguzza il filo della falce, chi smuove il fieno. Un seguito di roccie di diversi colori chiude la scena nella sua parte superiore con superbi e variati effetti cromatici.

Die Darstellungen der bäuerlichen Tätigkeiten überwiegen in diesem Monat, der sehr viel besser als Mai und Juni in seinem ursprünglichen Zustand erhalten ist. Eine höfische Note unten im Bild: einer Dame wird ein Jagdfalke geschenkt, und ein elegantes, rotes, von Mauern umgebenes Bauwerk hat glasverkleidete Fenster, blühende Balkons und auf dem Dach ein Storchennest. Diese Szene aber wird vor allem von den Dienstboten belebt, die die Falken tragen, von Fischern auf dem See in der Bildmitte und oben von Bauern bei der Heumahd. Dabei werden alle bäuerlichen Arbeitsgeräte – Sensen, Rechen, dreizackige Heugabeln, Wetzsteinbehälter – peinlich genau beschrieben, und auch die Bauern werden bei den unterschiedlichsten Arbeiten dargestellt: beim Mähen, beim Sensendengeln, beim Heurechen. Im oberen Teil wird die Szene durch eine Reihe mehrfarbiger Felsblöcke abgeschlossen, die einen reizvollen und abwechslungsreichen chromatischen Effekt bewirken.

Humble activities dominate the scene in this month. Here the original painting is much better preserved than in the months of May and June. Court life is represented at the bottom in the figures of a nobleman offering a lady a hawk and in the stately red manor house with glass windows surrounded by a wall. The house has a balcony with flowers and storks are nesting on the roof. The scene is mostly populated with servants, who are carrying bawks, fishermen, on the lake in the centre, and peasants, who are busy mowing and raking the hay at the top. All the farm implements, scythes, rakes, three pronged pitchforks and sheaths for whetstones, are accurately portrayed as are the various occupations of the peasants who are mowing, sharpening a scythe or turning the hay. A sequence of different coloured rocks closes the scene at the top with a superb and varied chromatic effect.

Ce sont les humbles travaux de la vie agreste qui dominent dans la représentation de Juillet, dont les peintures originales sont beaucoup mieux conservées que celles des deux mois qui le précèdent. A la base, l'offre du faucon à la dame représente la note courtoise ainsi que l'élégante demeure rouge entourée d'une enceinte, avec ses fenêtres vitrées, ses balcons fleuris et ses nids de cigognes sur le toit. Les personnages qui donnent à la scène tout son mouvement sont, d'une part les serfs qui transportent les faucons, puis les pêcheurs au centre dans le lac et, en haut, les paysans occupés à faucher et à râteler le foin. Tous les outils agricoles, les faux à foin, les râteaux, les fourches à trois dents, les étuis servant à porter la pierre à aiguiser sont soigneusement décrits, tout comme les diverses occupations des paysans: qui fauche, qui affûte sa faux, qui fait le foin. Une suite de rochers aux tons variés domine la scène, dans la partie supérieure, avec de superbes effets chromatiques.

**Agosto**
(m. 3,05 × 3,00)

**August**
(3,05 × 3,00 m)

**August**
(3,05 × 3,00 m)

**Août**
(3,05m × 3,00m)

Diversamente dalla precedente questa scena è molto logorata per la caduta dei ritocchi a tempera. Il mese è caratterizzato soprattutto dal lavoro agricolo e la vita signorile è evocata solamente nella parte inferiore dove accanto alla porta di un castello su un prato verde bordato da una spalliera di alberi da frutto, dalla vite al nocciolo, stanno due dame e un gentiluomo, ognuno con un falco. Una palizzata separa lo spazio occupato dal gruppo aristocratico da quello dove si svolgono le diverse attività agricole. In alto corre una strada percorsa da carri carichi di balle di frumento, quindi è un campo di grano dove quattro contadini tagliano le spighe (è la parte meglio conservata dell'affresco) mentre altri le legano in fascio e ammucchiano i fasci in catasta. La strada porta a un villaggio di capanne con i tetti di paglia dove il grano viene ammucchiato nei granai. Spiccano qui per diversità di costruzione la chiesetta e la casa del prete.

Im Gegensatz zum Juli ist diese Szene dadurch stark in Mitleidenschaft gezogen worden, dass die Temperaübermalungen abgefallen sind. Im Mittelpunkt dieses Bildes steht die bäuerliche Arbeit; auf das adelige Leben wird nur im unteren Bildteil hingewiesen, wo zwei Damen und ein Adeliger, die je einen Falken halten, neben dem Schlosstor auf einer grünen Wiese stehen, die von einem Spalier aus Rebstöcken und Haselsträuchern gesäumt wird. Durch einen Zaun wird der Raum, in dem sich die Gruppe der Adeligen bewegt, von dem getrennt, in dem die verschiedenen bäuerlichen Tätigkeiten vor sich gehen. Oben auf dem Bild verläuft eine Strasse, die von Karren voller Korngarben befahren wird; daneben ein Kornfeld, auf dem vier Bauern Ähren schneiden (dies ist der besterhaltene Teil des Freskos), die von anderen Bauern zu Garben gebündelt und dann aufgestapelt werden. Die Strasse führt in ein Dorf, dessen Hütten Strohdächer aufweisen und wohin das Korn zum Lagern in die Speicher gebracht wird. Unter den Häusern fallen durch ihre andersgeartete Bauform die Kirche und das Pfarrhaus auf.

Unlike the previous scene, this has been spoilt by the loss of the retouches in tempera. The month chiefly represents agricultural work. Court life is only represented at the bottom where two ladies and a gentleman, each with a hawk, are standing in front of a castle gate on green grass with a border of fruit and nut trees. A fence separates the space occupied by this aristocratic group from the one where the various agricultural activities are going on. In the middle there are carts loaded with bales of wheat going along a road. Above this there is a cornfield where four peasants are cutting the ears of wheat (this is the best preserved part of the fresco) while others are tying them into bundles and piling them into a heap. The road leads to the village of straw roof huts where the corn is piled into granaries. The small church and the priest's house stand out among the huts because of the difference in their construction.

Cette scène est beaucoup plus abîmée que la précédente en raison des chutes de couleur qui ont affecté les retouches à la détrempe. Ce mois est caractérisé surtout par les travaux agricoles et la vie de la noblesse est évoquée dans la partie inférieure où, à proximité de l'entrée d'un château, sur un pré vert bordé d'une suite d'arbres fruitiers en espaliers, de la vigne au noisetier, on distingue deux dames et un gentilhomme, tenant chacun un faucon. Une palissade sépare l'espace occupé par la groupe da nobles de celui où se déroulent les diverses activités agricoles. En haut, sur un chemin, des chars transportent des bottes de foin; puis voici un champ de blé avec quatre paysans en train de couper les épis (il s'agit de la partie le mieux conservée de la fresque), tandis que d'autres les lient en gerbes et les entassent. La route mène à un village de cabanes au toit de paille et là, le blé est entassé dans les greniers. Deux édifices se détachent, par leur construction: la petite église et le presbytère.

**Settembre**
(m. 3,05 × 1,95)

**September**
(3,05 × 1,95 m)

**September**
(3,05 × 1,95 m)

**Septembre**
(3,05m × 1,95m)

Le scene di vita signorile occupano qui maggiore spazio. Sono scene di caccia con il falco, elemento cortese che accomuna i mesi di Luglio, Agosto e Settembre come il roseto e la corte d'amore caratterizzavano i mesi di Aprile, Maggio, Giugno.

In basso due dame e un cavaliere escono dalla porta di un castello per una partita di caccia, mentre più in alto sono due cavalieri egualmente intenti alla caccia con il falco. Nella zona mediana una contadina raccoglie rape in un campo mentre in alto due contadini conducono un aratro trascinato da una coppia di buoi e una di cavalli e una donna si affaccenda con la zappa sui solchi tracciati. Il castello rosso in basso e il fienile in alto fanno seguito, al di là della colonna e dell'angolo delle pareti alla cinta merlata e al villaggio del mese di Agosto sottolineando la continuità del paesaggio.

Hier nehmen die Dartellungen des adeligen Lebens wieder einen weiteren Raum ein. Es handelt sich um die Falkenjagd, ein typisch höfisches Element, das die Monate Juli, August und September thematisch miteinander verbindet, wie der Rosenstrauch und das amouröse Treiben die Monate April, Mai und Juni kennzeichnen.

Unten verlassen zwei Damen und ein Ritter eine Burg, um auf Jagd zu gehen, während sich weiter oben auf dem Bild zwei Adelige der Falkenjagd widmen. Im mittleren Bildteil erntet eine Bäuerin auf einem Feld Rüben; oben führen zwei Bauern einen von einem Ochsen- und einem Pferdegespann gezogenen Pflug, während eine Frau in den vom Pflug gezogenen Furchen mit einer Hakke arbeitet. Die rote Burg unten und der Heuschober oben bilden über die Säule und die Ecke hinaus die Fortsetzung der zinnengekrönten Mauer und des Dorfes aus dem Augustbild, wodurch die bruchlose Abfolge der Landschaft unterstrichen wird.

Here the scenes of court life occupy most of the space. They are scenes of hawking, a court occupation that is shared by the months of July, August and September, in the same way that the rose-garden and courtship scenes are shared by the months of April, May and June.

At the bottom two ladies and a cavalier are coming out of the castle gate to go hunting. Above this horsemen are busy hawking. In the middle a peasant is digging up turnips in a field. At the top two peasants are driving a plough drawn by a pair of oxen and horses, A woman is busy hoeing the furrows. The red castle at the bottom and the hayloft at the top are a continuation of the battlemented wall and the village in the month of August, on the other side of the column and corner of the room, which emphasizes the continuation of the landscape.

Les scènes de la vie seigneuriale occupent ici un plus grand espace: scènes de chasse avec le faucon, élément courtois que possèdent en commun les mois de Juillet, Août et Septembre, tout comme le rosier et la cour d'amour caractérisent les mois d'Avril, Mai et Juin. En bas, deux dames et un chevalier sortent d'un château pour se rendre à une partie de chasse, tandis que, plus haut deux chevaliers sont en train de chasser avec leur faucon. Dans la partie centrale, une paysanne récolte des raves dans un champ, tandis que tout en haut, deux paysans conduisent une charrue tirée par une paire de boeufs et deux chevaux; un peu plus loin, une femme est occupée à biner dans les sillons tracés. Le château rouge en contrebas et la grange en haut, forment une ligne continue – par delà la colonne et l'angle formé par les cloisons – avec le mur d'enceinte et le village du mois d'Août, soulignant ainsi la continuité du paysage.

73

## Ottobre
(m. 3,05 × 1,98)

## Oktober
(3,05 × 1,98 m)

## October
(3,05 × 1,98 m)

## Octobre
(3,05m × 1,98m)

La vendemmia, la spremitura dell'uva, la preparazione del mosto occupano interamente la scena dove le due dame in basso e il gentiluomo che assaggia il mosto sono gli unici appartenenti al mondo aristocratico. Per spremere l'uva due contadini fanno funzionare l'albero a vite di un complesso torchio descritto con la stessa precisione e la stessa efficacia e fedeltà con cui sono rappresentati in diverse occasioni gli strumenti dei contadini. Il vigneto si arrampica in alto fino alle pendici delle montagne ancora una volta rappresentate con forme e colori molto caratteristici e di grandissima suggestione. Una profonda fenditura, causa di estese lacune, attraversa la scena dall'alto in basso, mentre numerose sono le cadute di colore, le abrasioni, le ridipinture sì che l'unica parte integra risulta essere quella del torchio.

Die Weinlese, das Keltern und die Mostbereitung stehen im Mittelpunkt dieser Szene, auf der einzig die beiden Damen unten und der den Most kostende Adelige der aristokratischen Welt angehören. Zum Traubenpressen betätigen zwei Bauern die Schraube einer komplizierten Weinkelter, die ebenso präzis und getreu beschrieben wird wie die bäuerlichen Arbeitsgeräte auf anderen Bildern. Der Weingarten zieht sich oben bis zum Hang der Berge hinauf, die auch wieder mit sehr charakteristischen, suggestiven Farben dargestellt werden. Durch diese Szene zieht sich von oben nach unten ein tiefer Riss, der grosse Lücken verursacht, und an vielen Stellen weist dieses Bild Farbverluste, Schrammen und Übermalungen auf, sodass sich nur der Teil mit der Kelter im ursprünglichen Zustand zeigt.

The grape harvest, grape pressing and preparation of the must occupy the entire scene. The two ladies at the bottom and the gentleman tasting the must are the only figures belonging to the aristocratic world. Two peasants are turning a screw shaft of a complicated wine-press drawn with the same accuracy, effectiveness and attention to detail as other farming equipment elsewhere. The vineyard reaches the mountain slopes at the top which are once again represented by very picturesque shapes and colours full of atmosphere. A deep crack crosses the scene from top to bottom making a large gap in the painting. A lot of colour has been lost or rubbed off and the scene has been repainted several times. As a result the only integral part is the wine press.

Les vendanges, le pressurage du raisin, la préparation du moût occupent entièrement la scène. Deux dames, en bas et un gentilhomme goûtant le moût sont les seuls personnages appartenant à la noblesse. Pour presser le raisin, deux paysans font tourner la vis d'un pressoir complexe, décrit avec la minutie et la fidélité qui ont caractérisé les précédentes descriptions de l'outillage agricole. Le vignoble grimpe jusqu'aux flancs des montagnes dont les formes et les tons ont, ici aussi, un grand pouvoir de suggestion. Une profonde fissure, responsable des nombreuses lacunes de la scène, s'étend de haut en bas; les chutes de peintures, les abrasions, les réfections font rejaillir davantage l'unique partie intacte, à savoir celle du pressoir.

**Novembre**
(m. 3,05 × 1,98)

**November**
(3,05 × 1,98 m)

**November**
3.05 × 1.98 m)

**Novembre**
(3,05m × 1,98m)

In primo piano l'immagine abbreviata ed allusiva della città di Trento che la colonna di separazione taglia in due e che continua nell'attiguo mese di Dicembre.

Nella città che apre le sue porte agli uomini e ai prodotti del contado si concentrano, all'approssimarsi dell'inverno, molte attività.

Attraverso una porta nella cinta muraria i porcari fanno entrare il gregge (rappresentazione estremamente abrasa e ridipinta) mentre le balze montuose sono popolate da cacciatori impegnati in una battuta dell'orso. In alto l'orsa con i suoi piccoli inseguita dai cani è circondata dai cacciatori. Nella parte centrale sono due gruppi di aristocratici cavalieri armati di picche e di lance, l'uno accanto a un fuoco, l'altro su per gli speroni rocciosi. Le cadute del colore a tempera permettono di scorgere, attraverso la groppa di un cavallo sullo sperone a destra, la costa rocciosa dipinta a fresco, mostrando così i tempi e i modi dell'esecuzione.

Im Vordergrund eine synthetische, etwas vage Darstellung der Stadt Trient, die von der Säule in zwei Teile geteilt wird und sich auch im benachbarten Dezemberbild fortsetzt. In der Stadt, in der die Menschen und die Produkte vom umliegenden Land zusammenströmen, geht die Bevölkerung angesichts des sich nähernden Winters den unterschiedlichsten Tätigkeiten nach.

Die Schweinehirten treiben ihre Herde durch ein Tor in die Stadt (stark beschädigte und übermalte Darstellung), während auf den Berghängen eine Treibjagd auf den Bären stattfindet. Oben im Bild wird eine von Hunden verfolgte Bärin mit ihren Jungen von den Jägern eingekreist. Im mittleren Bildteil befinden sich zwei Gruppen von piken- und lanzenbewehrten adeligen Rittern: die eine neben einem Feuer, die andere auf den Felsabsätzen. Da an einer Stelle die Temperafarbe abgefallen ist, kann man durch die Kruppe eines Pferdes auf dem rechten Felsabsatz hindurch einen freskengemalten Felsrücken erkennen, der uns die Arbeitstechnik verdeutlicht.

In the foreground is a reduced version of a town which is probably meant to be Trento. The town, which continues in the next month of December, is cut in half by a column that divides the two months. With winter drawing near there is a lot of activity in the town and its gates are open to the farmers and their produce. The swinherds are driving the pigs (largely rubbed off and repainted) through the gate in the town walls. The mountain crags are filled with hunters engaged in a bear hunt. At the top the bear with its cubs is being chased by dogs and they are surrounded by the beaters. In the middle there are two groups of noblemen armed with picks and lances. One group is near a fire and the other group is on a mountain ridge. Owing to the loss of colour in tempera, the rocks painted in fresco can be seen through the rump of one of the horses on the right thus showing the various stages and method of execution.

Au premier plan, une image succinte, essentiellement allusive de la ville de Trento coupée en deux par la colonne de séparation et qui continue dans la scène du mois de décembre. Dans la ville ouvrant ses portes aux hommes et aux produits de la campagne, se concentrent, au seuil de l'hiver, nombre d'activités. Par une porte ouverte dans le mur d'enceinte, les porchers poussent leur troupeau (image très abîmée et repeinte), tandis que les monts sont peuplés de chasseurs lancés dans une battue à l'ours. En haut, l'ourse et ses oursons, poursuivie par les chiens, est entourée de chasseurs. Dans la partie centrale, on voit deux groupes de chevaliers armés de pics et de lances: l'un auprès d'un feu; l'autre debout sur les éperons rocheux. Les chutes de peinture à la détrempe permettent d'entrevoir, par la croupe d'un cheval, sur l'éperon situé à droite, la côte rocheuse peinte à la fresque: ce qui a permis de mettre en évidence les temps et les modes d'exécution.

81

**Dicembre**
(m. 3,05 × 1,98)

In basso si stende la città di Trento con il castello del Buonconsiglio verso cui salgono asini carichi, e la porta Aquila attraverso la quale entrano in città carri di legna tirati da coppie di buoi. Sulle alture sono al lavoro taglialegna con scuri, ascie ed accette, mentre altri legano cataste di tronchi e le dispongono sui carri. Gli alberi spogli, le foglie cadute al suolo, gli arbusti di vite che cangiano di colore passando dal verde al rosso, i ghiaccioli che scendono dalle gronde del castello, l'aspetto triste e intirizzito dei boscaioli caratterizzano l'inasprirsi della stagione e l'entrata nell'inverno.
Il corso d'acqua che passa ai piedi della città muovendo le ruote di un mulino continua, al di là dell'angolo, nel vicino mese di Gennaio sottolineando l'unità e la circolarità del ciclo.

**Dezember**
(3,05 × 1,98 m)

Unten dehnt sich die Stadt Trient mit dem Schloss Buonconsiglio aus, dem sich beladene Esel nähern, während durch das Adlertor von Ochsengespannen gezogene, holzbeladene Karren in die Stadt fahren. Auf den Anhöhen sind Holzfäller mit Äxten und Handbeilen an der Arbeit, während andere Holzstösse zusammenbinden und auf die Karren laden. Der Einzug des strengen Winters wird durch verschiedene Elemente unterstrichen: Die Bäume sind kahl, das Laub bedeckt den Boden, die bis dahin grünen Rebstöcke werden rot, von den Dachtraufen des Schlosses hängen Eiszapfen herab, und die Holzfäller sehen traurig und erfroren aus.
Der Bach, der an der Stadt vorbeifliesst und dabei ein Mühlrad antreibt, fliesst über die Ecke hinaus auch in den Monat Januar hinein und betont damit die Einheit und Geschlossenheit des zyklischen Jahresablaufs.

**Dezember**
(3,05 × 1,98 m)

At the bottom lies the town of Trento in which loaded donkeys are climbing up to Buonconsiglio Castle and carts laden with wood drawn by pairs of oxen are entering the town through the Aquila Gate. At the top wood-cutters are working with axes and hatchets while others are tying the logs together and putting them on carts. The bare trees, the leaves on the ground, the vines turning from green to red, the icicles hanging on the castle gutters and the sad numb look of the woodmen illustrate the rigorous season and the approach of winter. The stream of water, that flows at the foot of the town and moves the wheels of a water mill, continues around the corner in the month of January drawing attention to the unity and circularity of the cycle.

**Décembre**
(3,05m × 1,98m)

En contrebas s'étend la ville di Trento avec le château du Buonconsiglio vers lequel se dirigent des ânes chargés de sacs; par la porte Aquila, des chars remplis de bois, tirés par des boeufs, entrent dans la ville. Sur les hauteurs, les bûcherons sont à l'oeuvre avec leur cognée et leurs haches, tandis que d'autres entassent les troncs et les disposent sur les chars. Les arbres nus, les feuilles jonchant le sole, les vignes aux tons roux, les glaçons qui pendent des gouttières du château, l'expression triste des bûcherons transis: autant d'éléments qui caractérisent le durcissement de la saison, l'entrée dans l'hiver.
Le cours d'eau qui s'écoule au pied de la ville fait tourner les roues d'un moulin et continue, par-delà l'angle, dans le proche mois de Janvier, soulignant ainsi l'unité du cycle et son déploiement circulaire.

Finito di stampare nel mese di novembre 1987
dalla Tipolitografia Temi di Trento
per conto della Provincia Autonoma di Trento,
Servizio Beni Culturali.

Stampato su carta Gardamatt brillante da gr. 170